LEKTÜRESCHLÜSSEL
FÜR SCHÜLERINNEN UND SCHÜLER

Max Frisch
Homo faber

Von Theodor Pelster

Reclam

Dieser Lektüreschlüssel bezieht sich auf folgende Textausgabe:
Max Frisch: *Homo faber. Ein Bericht.* Frankfurt a. M.: Suhrkamp, 1977. (suhrkamp taschenbuch. 354.)

RECLAMS UNIVERSAL-BIBLIOTHEK Nr. 15303
Alle Rechte vorbehalten
© 2001 Philipp Reclam jun. GmbH & Co. KG, Stuttgart
Gesamtherstellung: Reclam, Ditzingen
Printed in Germany 2013
RECLAM, UNIVERSAL-BIBLIOTHEK und
RECLAMS UNIVERSAL-BIBLIOTHEK sind eingetragene
Marken der Philipp Reclam jun. GmbH & Co. KG, Stuttgart
ISBN 978-3-15-015303-1

www.reclam.de

Inhalt

1. Erstinformation zum Werk **5**
2. Inhalt **8**
3. Personen **13**
4. Die Struktur des Werks **29**
5. Wort- und Sacherläuterungen **37**
6. Interpretation **45**
7. Autor und Zeit **64**
8. Rezeption **73**
9. Checkliste **76**
10. Lektüretipps/Filmempfehlungen **81**

Anmerkungen **85**
Raum für Notizen **87**

1. Erstinformation zum Werk

»Erkenne dich selbst!« ist eine Aufforderung, die auf einen der »Sieben Weisen« im alten Griechenland zurückgehen soll, als Aufschrift den Apollotempel in Delphi[1] schmückte und bis heute nichts an Aktualität verloren hat. Grundsätzlich an alle Menschen gerichtet, bedarf sie keiner weiteren Begründung.

Das Thema

Sie scheint wiederzukehren in dem Wahlspruch der Aufklärung: »Sapere aude! Habe Muth dich deines eigenen Verstandes zu bedienen.«[2] Auch hier ein Imperativ, dem sich kein vernünftiger Mensch entziehen kann. Dem Verstand wird die Fähigkeit zugesprochen, aus Wahrnehmungen Erkenntnisse zu machen, diese kritisch zu prüfen und in einen Gesamtzusammenhang einzufügen.

Max Frischs Roman *Homo faber* ist ein Modellfall, an dem abgelesen und erörtert werden kann, wie sich ein Mensch dieser Forderung stellt, wie er seinen Verstand gebraucht und wie es um die Möglichkeiten bestellt ist, sich selbst zu erkennen.

Max Frisch hat sich der Frage nach dem eigenen Ich früh gestellt und ist ihr nie ausgewichen. Zu seinen ersten Veröffentlichungen zählen zwei Skizzen aus dem Jahr 1932, die beide *Was bin ich?* betitelt sind. Dabei zeigt sich, dass diese scheinbar so einfache Frage nicht zufrieden stellend zu beantworten ist. »Weiß ich es denn selbst, wer ich bin?«[3], lässt er später eine seiner Romanfiguren sagen und er fügt hinzu: »Jeder Mensch [...] erfindet seine Geschichten [...] – anders bekommen wir unsere Erlebnismuster, unsere Ich-Erfahrung, nicht zu Gesicht.«[4]

Max Frisch und die Frage nach dem Ich

1. ERSTINFORMATION ZUM WERK

Der Roman *Homo faber*, erschienen 1957, stellt den Prozess einer solchen Ich-Erfahrung dar. Er ist der mittlere von drei großen epischen Werken, die das gleiche Thema umkreisen: Die Hauptfigur in *Stiller* (1954) ist ein Schweizer Bürger, der lange im Ausland war, bei seiner Rückkehr verhaftet wird und nun um seine Identität kämpft; die Hauptfigur in *Mein Name sei Gantenbein* (1964) tut so, als sei sie blind, und prüft, wie die Mitmenschen auf ihr Spiel reagieren. Dass es im *Homo faber* um die Frage geht »Was ist der Mensch?«, wird überdeutlich im Titel ausgesprochen; denn das lateinische *homo* ›Mensch‹ ist das Grundwort der Überschrift, dem das lateinische *faber* ›Schmied, Handwerker‹ als Bestimmungswort beigegeben ist. Damit ist ein Klassifikationsversuch gemacht, den man als Behauptung verstehen kann, für den die Begründungen folgen werden, den man aber auch als Aufforderung nehmen kann, sich der zugrunde liegenden Problemfrage zu stellen: Ist der Mensch hinreichend bestimmt, wenn man ihn als Schmied, Handwerker, Techniker, Macher auffasst, oder führt der Denkprozess, der mit dem Imperativ »Erkenne dich selbst!« beginnt, zu einem anderen Ergebnis?

Homo faber und die Parallelromane

Das Thema »Mensch – Welt – Technik«, das in allzu einfachen Aufgabenstellungen wie »Technik – Segen oder Fluch des Menschen?« verkommen zu sein scheint, ist in Wirklichkeit von uneinholbarer Brisanz. Die Frage »Was ist der Mensch, was soll, was kann, was darf er?« ist noch nicht beantwortet, ist wahrscheinlich nie endgültig zu beantworten. Sobald – wie in der Gegenwart – neue Problemfelder wie »Klonen, pränatale Vernichtung und gentechnische Manipulation«[5] auftreten, stellen sich uralte Fragen von neuem.

Mensch und Technik

1. ERSTINFORMATION ZUM WERK

Homo faber, der Roman von Max Frisch, liefert ein überschaubares Modell dafür, wie Menschheitsfragen gestellt, erörtert und letzten Endes nie endgültig und für alle Zeiten beantwortet werden können. Was eignete sich besser zur diskursiv angelegten Schullektüre?

Der Text wird im Folgenden nach der Suhrkamp-Taschenbuchausgabe 1977 (s. S. 81) zitiert.

2. Inhalt

Walter Faber, gebürtiger Schweizer, Ingenieur und als Entwicklungshelfer im Auftrag der UNESCO vor allem in Südamerika tätig, begegnet in seinem 50. Lebensjahr seiner ihm bisher unbekannten Tochter, erlebt ihren Unfalltod und muss sich fragen, inwieweit er an diesem unglücklichen Geschehen beteiligt ist. Er versucht sich Rechenschaft in einem groß angelegten »Bericht« zu geben, den er in zwei Stationen, an zwei verschiedenen Orten abfasst. Caracas ist für ihn der erste Haltepunkt. Hier entsteht in der Zeit vom »21. Juni bis 8. Juli« (160) jener Teil des Berichts, den er »Erste Station« (7) überschreibt. Der Bericht setzt ein mit dem Start eines Flugzeugs, das ihn, Faber, von New York nach Mexico-City bringen soll. Ein Defekt an der Maschine zwingt zur Notlandung in der »Wüste von Tamaulipas« (22). Während man vier Tage und fünf Nächte festsitzt, kommt im Gespräch heraus, dass der Mit-Passagier Herbert Hencke ein Bruder jenes Joachim Hencke ist, mit dem Faber während seiner Studienzeit in Zürich befreundet war. Faber erfährt weiter, dass Joachim Hencke mit Hanna Landsberg, einer Halbjüdin, verheiratet war, dass diese Ehe aber sehr bald geschieden wurde. Mit Hanna Landsberg war Faber, »damals, 1933 bis 1935, Assistent an der Eidgenössischen Technischen Hochschule, Zürich« (33), befreundet. Er hatte sie 1936 verlassen, als sie ein Kind erwartete und er eine erste Stelle als Ingenieur in Bagdad angeboten bekam. Zu einer Heirat war Hanna in dieser Situation nicht bereit.

Fabers Schreibanlass

Der erste Teil des Berichts

2. INHALT

Herbert Hencke ist nun, im Jahr 1957, auf dem Weg zu seinem Bruder, der in Guatemala im Auftrag der Hencke-Bosch AG, Standort Düsseldorf, eine Tabakplantage leitet, der seit einiger Zeit jedoch nichts von sich hat hören lassen. Faber entschließt sich, Herbert Hencke zu begleiten. Von Mexico-City fliegen sie nach Campeche; ein Zug bringt sie nach Palenque; mit dem Landrover geht es dann in das Sumpf- und Dschungelgebiet. Als sie endlich die Plantage erreichen, finden sie Joachim erhängt in seiner Wellblech-Baracke.

> *Fabers Begegnung mit Herbert Hencke*

Faber verlässt Hencke, fliegt weiter nach Venezuela, wo er ein Projekt zu betreuen hat, dann zurück nach New York. Um keinen längeren Aufenthalt in New York zu haben und um Ivy, seiner Freundin, von der er sich endgültig trennen möchte, aus dem Weg zu gehen, entschließt er sich, für die Überfahrt nach Europa zu einem Kongress in Paris eine Schiffsreise zu buchen, statt zu fliegen. Während der Reise lernt er Elisabeth Piper, das »Mädchen mit dem blonden Roßschwanz« (69) kennen, das er bald mit Sabeth anredet und von der er rückblickend erklärt: »Sie gefiel mir, aber ich flirtete in keiner Weise« (74). Allerdings macht er ihr in der Nacht vor der Ankunft in Le Havre, an seinem 50. Geburtstag, einen Heiratsantrag, zu dem sie jedoch nicht Stellung nimmt.

> *Fabers Schiffsreise nach Europa Begegnung mit Elisabeth Piper*

In Paris treffen sich Faber und Sabeth wieder. Sie gehen gemeinsam in die Oper und Faber bietet Sabeth an, mit ihr durch Frankreich und Italien bis zu ihrer Mutter in Griechenland zu fahren – angeblich, um sie davor zu bewahren, per Autostop reisen zu müssen. In Avignon erleben sie die »Nacht (13. V.) mit der Mondfinsternis« (124), die einen

Wendepunkt in der Beziehung bedeutet. Faber rechtfertigt sich: »Jedenfalls war es das Mädchen, das in jener Nacht [...] in mein Zimmer kam –« (125). In einem Gespräch, das Faber und Sabeth bei einer Besichtigungspause am Rand der Via Appia vor den Toren Roms führen, erfährt Faber dann, dass Sabeth, also Elisabeth Piper, die Tochter von Hanna, geborene Landsberg, geschiedene Hencke, geschiedene Piper ist. Noch kann er sich nicht eingestehen, dass sie seine eigene Tochter ist, mit der Hanna schwanger war, als er sie verließ, und von deren Existenz er nichts ahnen konnte, da er annahm, Hanna habe die Schwangerschaft unterbrochen, wie es mit Joachim Hencke, dem Mediziner, abgesprochen war.

Die gemeinsame Reise von Faber und Sabeth

Kurz vor dem Ende der Reise, in der Nähe von Korinth, geschieht ein Unglück: Sabeth wird, während Faber im Meer badet, von einer Schlange gebissen. Als sie Faber herbeirufen will, stürzt sie von einer Mauer und bleibt ohnmächtig liegen. Faber setzt alles daran, sie möglichst schnell in ein Athener Krankenhaus zu bringen, damit sie rechtzeitig mit Serum versorgt werde. Doch Sabeth stirbt im Krankenhaus – nicht an dem Schlangenbiss, sondern an einer unentdeckten Schädelfraktur.

Der Tod Sabeths

Im Krankenhaus treffen Hanna – jetzt Dr. Hanna Piper –, die im Krieg nach der Scheidung von Joachim zuerst nach Paris ging, dann nach England und nun in Athen am archäologischen Institut arbeitet, und Faber nach »einundzwanzig Jahre[n], genau gerechnet« (132) zusammen. Nicht nur der Tod Sabeths veranlasst sie, ihren Lebensweg und ihre Lebenskonzeption zu überdenken.

Fabers Wiederbegegnung mit Hanna

Berufliche Verpflichtungen führen Faber erneut nach New York, dann nach Caracas in Venezuela, wo endlich das Projekt abgeschlossen werden soll, für das Faber verantwortlich ist. Doch überfallen ihn in Caracas derartige Magenschmerzen, dass die Arbeiten ohne seine Aufsicht durchgeführt werden müssen und er zwei Wochen im Hotel bleibt. In dieser Zeit schreibt er den vorliegenden Bericht der »Ersten Station«, »ohne denselben zu adressieren« (170), weil er vor allem Hanna gegenüber Klarheit schaffen will, diese aber weder brieflich noch telegrafisch zu erreichen ist.

Faber in Caracas

Der zweite Teil des Berichts, die »Zweite Station« (161), entsteht vom 19. Juli an im Krankenhaus in Athen. Faber wartet darauf, operiert zu werden. Es hat sich bestätigt, was sich durch Symptome längst ankündigte, dass Faber an Magenkrebs leidet. Im Krankenhaus führt er Tagebuch – handschriftlich (deshalb kursiv gedruckt) –, trifft letzte Verfügungen und trägt auf seiner Hermes-Schreibmaschine nach, wie sein Leben in den Wochen nach Sabeths Tod weiter ging: Ein kurzer Aufenthalt in Caracas verlief unbefriedigend, da er arbeitsunfähig war; ein Besuch auf der Tabakplantage bei Herbert Hencke ließ ihn die Abgeschiedenheit dieser Dschungel-Welt noch einmal spüren; aus Düsseldorf, wo er die Geschäftsleitung der Hencke-Bosch AG über die Situation auf der Plantage in Guatemala informieren wollte, floh er Hals über Kopf, als er versehentlich Filme in das Wiedergabegerät eingab, auf denen Sabeth zu sehen war.

Der zweite Teil des Berichts

Rückblick auf Fabers letzte Reise

Inzwischen hat er während eines kurzen Aufenthalts in Cuba den Entschluss gefasst, »anders zu leben«; er wendet sich ab vom »American Way of Life« (175) und beneidet die einfachen, natürlichen, scheinbar glücklichen Menschen Cubas. Er kündigt seine Stelle bei der UNESCO und ist fest entschlossen, Hanna zu heiraten. Auch Hanna hat ihre Anstellung gekündigt und ihre Wohnung aufgegeben. Sie möchte aus Athen fliehen, aber Sabeths Grab lässt sie nicht los. Sie besucht Faber täglich im Krankenhaus – bis zum Operationstag, den er nicht überleben wird.

> Operation

3. Personen

Hauptfigur im Roman *Homo faber* ist **Walter Faber, der Berichterstatter.** Er ist zugleich Handlungs-Ich und Erzähl-Ich des fiktionalen Textes. Er steht als Handelnder und Leidender im Mittelpunkt der Ereignisse; und er bestimmt als Schreiber – gleichgültig, ob ihm das bewusst ist oder nicht –, was mitgeteilt wird, von welchem Standpunkt aus eine Sache betrachtet wird und welche Kategorien zur Beurteilung verwendet werden. Bei allen Charakterisierungen und Typisierungen, die Faber vornimmt, ist also mit einem hohen Grad von Subjektivität zu rechnen. Das gilt genauso für Urteile, die er über andere fällt, wie für Einschätzungen, die er über sich selbst abgibt. Da Faber von keinem Erzähler korrigiert wird, muss der Leser selbst darauf achten, wo sich der Berichtende in Widersprüche verfängt, wo er etwas übersieht und wo er überfordert ist, sich und andere zu verstehen und angemessen zu erkennen.

> *Fabers Erzähl- und Handlungs-Ich*

Die Hauptfiguren

Walter Faber hat an der Eidgenössischen Technischen Hochschule in Zürich studiert, war dort zwischen 1933 und 1935 Assistent und arbeitete an einer Dissertation, die er allerdings nicht fertig stellte. In der Schweiz leistete er seinen Militärdienst ab und nahm dann als junger Ingenieur eine Stelle in Bagdad an. Nach dem Zweiten Weltkrieg ging er

> *Fabers Vorgeschichte*

zur UNESCO und leistet nun »technische Hilfe für unterentwickelte Völker« (10).

Er selbst charakterisiert sich als »Techniker«, der gewohnt ist, »die Dinge zu sehen, wie sie sind« (24). Logik und Mathematik sind die wissenschaftlichen Disziplinen, auf die er sich verlässt. Er ist gewohnt, »mit den Formeln der Wahrscheinlichkeit zu rechnen« (22). Deshalb gibt es für ihn Zufälle, sogar »Kette[n] von Zufällen«, aber keine Fügung. Für ihn gibt es »nichts Höheres [...], keinerlei Wunder oder Derartiges« (22). Er kann »mit Gott nichts anfangen« (144), nichts mit Göttern und auch nichts mit einem vorgegebenen Schicksal. Statistische Angaben sind dagegen für ihn von höchstem Aussagewert. Ihn scheint sogar der Hinweis, dass die Operation, der er sich unterziehen muss, »in 94,6 von 100 Fällen gelingt« (104), zu beruhigen, da er sie offensichtlich als ein rein technisches Unterfangen ansieht.

> *Selbstcharakterisierung*

Der Beruf des Technikers ist seiner Ansicht nach »ein männlicher Beruf [...], wenn nicht der einzigmännliche überhaupt« (77). Daher glaubt man ihm, dass er »in beruflichen Dingen [...] äußerst gewissenhaft, geradezu pedantisch« (33) ist. Er geht in seiner Arbeit auf und schätzt sich »glücklich, allein zu wohnen, meines Erachtens der einzigmögliche Zustand für Männer« (91).

Seiner Einstellung folgend, macht er sich nichts aus »Romanen – sowenig wie aus Träumen« (15). Künstlern und Kunst gegenüber verhält er sich distanziert. Gefühle lässt er nicht in sich aufkommen. Er weiß nicht recht, was »die Leute [...] meinen, wenn sie von Erlebnis reden« (24). Verdächtig ist ihm die Natur, wenn sie nicht beherrschbar ist: Er hat eine tiefe Abneigung gegen jede

> *Distanz zu Mythen und Naturerlebnissen*

3. PERSONEN

Art von »Fortpflanzerei« (51); »Schwangerschaftsunterbrechung« ist für ihn ein Beweis für »Fortschritt in Medizin und Technik« (106). Äußerst unangenehm ist ihm zu schwitzen; das Rasieren wird ihm geradezu zur Manie.

Ihm, der sich selbst stolz als »Typ, der mit beiden Füßen auf der Erde steht« (47), präsentiert, ist früh von Hanna, seiner Freundin, vorgeworfen worden, er sei ein »Homo faber« (47), also wörtlich ein Schmied, allgemeiner ein Handwerker und Macher, der rational und methodisch geschickt die Natur dem Menschen nutzbar macht, der dabei aber andere Fähigkeiten und Möglichkeiten des Menschen vernachlässigt, verkennt oder missachtet. In diese Richtung gehen auch die Vorwürfe, er sei »ein Egoist, ein Rohling, ein Barbar in bezug auf Geschmack, ein Unmensch in bezug auf die Frau« (31). Hanna und Ivy, die Frauen, decken mit solchen Vorwürfen die Rückseite des Bildes auf, das Walter Faber als Berichterstatter von sich selbst entworfen hat.

Ein Egoist?

Untergründig sind jedoch Anzeichen zu erkennen, die zweifeln lassen, ob der Entwurf, den Faber von sich selbst liefert, ganz stimmig ist. Es fällt auf, dass er, der angeblich von Kunst nichts versteht, akzeptable Urteile zu den Werken »Fra Angelicos« (107) abgibt und im Museum die Reliefs der »Geburt der Venus« und der »schlafenden Erinnye« (110 f.) in eine sinnstiftende und vordeutende Beziehung setzt. Bedeutungsvoller scheint, dass er, der vorgibt, gern allein zu leben, wenige Tage, nachdem er sich von seiner Freundin Ivy getrennt hat, Sabeth einen Heiratsantrag macht, später Hanna zur Heirat bewegen möchte und dass er sich vor der Operation tröstet: »Aber ich bin nicht allein« (198).

Fehler in der Selbsteinschätzung

3. PERSONEN

Faber ist zum Zeitpunkt, da er den Bericht verfasst, 50 Jahre alt; er bemerkt verschiedene Krankheitssymptome an sich, nimmt aber erst ganz zum Schluss zur Kenntnis, dass er an Magenkrebs leidet – einer für ihn tödlichen Krankheit.

Krankheit und Tod

Die zweite Hauptfigur und in gewissem Sinn der Gegenpart zu Walter Faber ist **Hanna**. Sie ist Halbjüdin und stammt aus München; ihr Geburtsname ist Johanna Landsberg. Während ihres Studiums der Kunstgeschichte in Zürich – 1935 und 1936 – ist sie mit Faber befreundet, erwartet von ihm ein Kind, heiratet ihn jedoch nicht, obwohl er dazu bereit ist, weil sie den Verdacht hat, Faber wolle sie nur heiraten, »um zu beweisen, daß [er] kein Antisemit sei« (57). Sie gehen auseinander, nachdem ausgemacht ist, »daß unser Kind nicht zur Welt kommen sollte« (57). Hanna entscheidet dann jedoch anders, heiratet Joachim Hencke, den Mediziner-Freund, und bringt das Kind zur Welt.

Hannas Vorgeschichte

Walter Faber hat die Hanna jener Zeit als »empfindlich und sprunghaft« (46) in Erinnerung; unterschiedliche Interessen führten zu Auseinandersetzungen, in denen Faber sie »eine Schwärmerin und Kunstfee« (47) nennt. Mit dieser Typisierung wählt er eine abwertende Bezeichnung aus dem Sinnbezirk, in dessen Mittelpunkt der »Homo ludens«, der spielende Mensch, als Gegenkonzeption des Homo faber steht. Hanna sagt er »einen Hang zum Kommunistischen […], zum Mystischen, um nicht zu sagen: zum Hysterischen« (47) nach. Damit häuft er drei für ihn negativ besetzte Fremdwörter, die er inhaltlich nicht erklärt und über deren Ab-

»Kunstfee«

3. PERSONEN

grenzung und Zuordnung er sich keinerlei Gedanken macht. Er, »der Typ, der mit beiden Füßen auf der Erde steht«, hält sich – auch rückblickend – für hoch überlegen; trotzdem, meint er, »waren wir sehr glücklich zusammen« (47).

Hannas Ehe mit Joachim bricht bald auseinander. Sie geht nach Paris, arbeitet dort »in einem Verlag« (143), lebt »mit einem französischen Schriftsteller« (184) zusammen, emigriert dann, als die Deutschen einrücken, nach England, arbeitet dort »als deutsche Sprecherin bei BBC« (143), heiratet einen Herrn Piper, einen Kommunisten, der nur auf Grund der Heirat aus dem Gefangenenlager entlassen wird. Mit ihm besucht sie 1948 Moskau. Diesen zweiten Ehemann verlässt sie, als er sich im Juni 1953, also zur Zeit der Juni-Aufstände in der DDR, als »Opportunist« (144) allzu staatstreu verhält.

> Lebensweg

»Typisch für gewisse Männer« ist laut Hanna, dass sie »stockblind« und »ohne Kontakt« (144) seien. Direkt urteilt sie damit über Piper, indirekt über Faber. Untergründig ist zu erschließen, dass Hanna auf Grund früherer Erfahrungen ein gestörtes Verhältnis zu Männern hat. Ein Leben lang hat sie daran getragen, dass es ihrem jüngeren Bruder einmal gelungen war, sie bei einem Ringkampf »auf den Rücken zu werfen« (182). Seitdem hadert sie mit Gott, dass er »die Jungens einfach kräftiger gemacht hat« (183), und sie hat »sich geschworen, nie einen Mann zu lieben« (182). Die einzig positive Beziehung zu einem Mann war die mit Armin: »Er war ein Blinder. Hanna liebt ihn noch, obschon er längst gestorben, beziehungsweise verschollen ist. […] Armin war vollkommen blind, aber er konnte sich alles vorstellen, wenn man es ihm sagte« (183). Hanna traf diesen

> Urteil über »gewisse Männer«

Armin, als sie »ein Mädchen mit Kniestrümpfen« (183) war, und redet in Athen, als sie Faber wieder begegnet ist, von ihm, »als lebe er, als sehe er alles« (184). Von ihm hat sie die »Liebe zu den alten Griechen« (184) übernommen.

Wie Faber sich ein Bild von den Frauen gemacht hat und über diese sehr pauschal zu urteilen pflegt, so urteilt Hanna über »die Männer ganz allgemein«: Sie findet sie »komisch« (139), hält sie für »borniert« (140) und »stockblind« (144). Es ist ihrer Ansicht nach »dumm von einer Frau, daß sie vom Mann verstanden werden will« (140).

Definition der Frauenrolle

Deshalb definiert sie ihre Frauenrolle nicht aus der Beziehung zum Mann, sondern aus der Beziehung zu ihrem Kind. Als »verpfuscht« muss sie ihr Leben ansehen, da sie sich von den Männern »zuviel versprochen« hat; für endgültig gescheitert hält sie es jetzt, da sie nun befürchten muss, ihr Kind zu verlieren oder verloren zu haben. Für sie gilt: »Das Leben geht mit den Kindern« (139). Deshalb hat sie Joachim, ihren ersten Mann, an der Erziehung der Tochter nicht teilhaben lassen. Als allein erziehende Mutter wollte sie sich bewähren. Auch als sie es schon besser weiß, behauptet sie Faber gegenüber: »Sie ist mein Kind, nicht dein Kind« (138). Schon vorher hatte Faber ihr vorgeworfen, sie tue »wie eine Henne«; jetzt wiederholt er den Vorwurf und verallgemeinert seinerseits, dass dies wohl »die Art aller Frauen« (137) sei.

Nach außen hin ist Hanna, genauer: Dr. Hanna Piper,

Beruf und Persönlichkeit

eine »Persönlichkeit«, eine angesehene Archäologin an einem wissenschaftlichen Institut in Athen, eine gut aussehende »Dame«, die von dem Personal des Krankenhauses behandelt wird »wie eine Professorin, eine Nobelpreisträgerin« (140). Sie hat sich ihr Leben geformt, mehrere Qualifikationen nachgewiesen und »immer getan, was ihr das Richtige schien« (139). Sie lebt »seit Jahren von ihrer eigenen Arbeit« (99), ist angesehen und hat eine eigene moderne Wohnung in Athen mit Aussicht auf den neben der Akropolis zweiten berühmten Berg der Stadt, den Lykabettos. Doch sie weist von sich, »fortschrittlich« (133) im Sinne Fabers zu sein. In entscheidenden Fragen ist sie weiterhin anderer Ansicht als er: Sie »hält nichts von Statistik« (135), und »Technik« ist für sie nur ein »Kniff, die Welt so einzurichten, daß wir sie nicht erleben müssen« (169). Faber vermutet mit Recht, dass »sie an Schicksal und Derartiges« (136) glaubt, und er muss sich sagen lassen, dass er sich als Techniker »widernatürlich« verhalte, indem er »kein Verhältnis zur Zeit« und »kein Verhältnis zum Tod« (170) habe. Hanna wird ihre Tochter Elsbeth und den Vater ihrer Tochter, Faber, überleben und wird, wie Faber vermutet, »Athen nie wieder verlassen« und auch nicht »das Grab unseres Kindes« (203).

Wie Faber in der Rolle des Ingenieurs aufgeht und alle anderen männlichen Rollenangebote – wie die des Ehemanns und Vaters – abzulehnen scheint, so akzeptiert Hanna aus dem weiblichen Rollenrepertoire allein das der Mutter. Beide vergehen sich in ihrer Einseitigkeit und vergeben dadurch viele Möglichkeiten, Mensch zu sein.

> Die Gefahren des Rollenverständnisses

Die dritte Hauptperson ist **Elisabeth Piper**, die gemeinsame Tochter von Hanna Piper und Walter Faber. Von Hanna wird sie Elsbeth, von Faber Sabeth genannt, »weil Elisabeth, fand ich, ein unmöglicher Name ist« (74). Beide Elternteile verfügen eigenwillig über den Namen ihres Kindes.

> Elisabeth: Elsbeth und Sabeth

3. PERSONEN

Als Faber, ohne es zu wissen, seiner eigenen Tochter begegnet, ist diese 20 Jahre alt, hat gerade ein »Semester in Yale« (82), in Amerika, studiert, ist auf der Rückreise zu ihrer Mutter nach Athen und möchte auf dem Weg noch Station in Paris und Rom machen. Bei der Ausgabe der Tischkarten treffen Faber und »das Mädchen mit dem blonden Roßschwanz« (69), der »Cowboy-Hose«, dem »schwarzen Pullover mit Rollkragen« und den »Espadrilles« (70) zusammen. Faber ist überrascht, »daß ein Mensch so jung sein kann« (73).

> *Alter, Aussehen, Beruf*

Elisabeth Piper vertreibt sich die Zeit mit Lesen, Rauchen und Pingpongspielen. Sie beginnt ein Gespräch mit dem »allein an der Reling« stehenden Faber und findet ihn und seine Darlegungen »über Navigation, Radar, Erdkrümmung, Elektrizität, Entropie« (74) »komisch« (75). Trotzdem lässt sie sich von ihm durch die Maschinenräume des Schiffs führen.

> *Interessen*

Sie zeigt sich aufgeschlossen, ist beruflich noch nicht festgelegt und schwankt, »Kinderärztin oder Kunstgewerblerin oder so etwas, vielleicht auch Stewardeß« (82) zu werden. Sie möchte auf alle Fälle viel von der Welt sehen. Ihr erstes Ziel in Europa ist der »Louvre« (76) in Paris. Später auf der Reise durch Italien bricht »ihr Kunstbedürfnis, ihre Manie, alles anzuschauen« voll durch. Faber stöhnt: »Ich bin nicht gewohnt so zu reisen« (107).

Sie scheint nett und gesprächig zu allen Passagieren zu sein; besonders mitfühlend ist sie Faber gegenüber, gibt ihm den Rat: »Sie sollten heiraten« (93), und ist doch überrascht, als er ihr einen Heiratsantrag macht. Es ist nicht der erste Heiratsantrag, den sie erhält; und er ist auch nicht der

> *Fabers Heiratsantrag*

3. PERSONEN

erste Mann, mit dem sie intim wird. Erst auf der Reise durch Frankreich merkt Faber dann, »daß das Mädchen, das ich bisher für ein Kind hielt, in mich verliebt war« (125).

Sabeth scheint in sich glücklich zu sein, fühlt sich von ihrem sicheren Instinkt geleitet und singt in besonderen Phasen des Glücks. Sie hat Sinn für das Außergewöhnliche, das Abenteuer mit kalkulierbarem Risiko und hält es für eine »Glanzidee« Fabers, »einfach weiterzuwandern in die Nacht hinaus und unter einem Feigenbaum zu schlafen« (150), als sie in Korinth kein Hotelzimmer finden. Dort am Strand verunglückt sie und stirbt dann im Krankenhaus in Athen.

> *Eine Phase des Glücks*

> *Der Tod*

Dass Faber, in den sie sich verliebt hat, ihr eigener Vater ist, erfährt sie nicht. Ob Faber in ihr eine »neue Hanna« oder eine eigene Persönlichkeit sieht, wird nicht klar.

Die weiblichen Nebenfiguren

Ivy lernt der Leser in einem Augenblick kennen, als Walter Faber innerlich mit ihr abgeschlossen hat und ihr erklärt hat, dass er »grundsätzlich nicht heirate« (5). Etwas später schickt er den endgültigen Abschiedsbrief, der von Ivy ignoriert wird. Aber in der Nacht seines 50. Geburtstages muss er wieder an Ivy denken: »Ivy heißt Efeu, und so heißen für mich eigentlich alle Frauen. Ich will allein sein!« (91).

> *Ivy – ein Frauentyp*

Ivy wird also von einem ganz bestimmten Standpunkt aus und damit höchst subjektiv beurteilt. Sie wird als die oberflächliche Amerikanerin mit komfortablem Auto, modischer Kleidung, Abonnement beim Psychiater und zerrütteter Ehe hingestellt, die nichts anderes vorhat, als Faber zu umschlingen, ihn ins Bett zu zerren und zu heiraten. In fast allen Punkten ist sie das Gegenbild zu jener Hanna in Athen, die der Leser erst später am Ende der ersten und in der zweiten Station kennen lernen wird. Sie ist zugleich das negative Klischee zu Sabeth, die Faber am gleichen Tag auf dem Schiff kennen lernt, an dem er sich in New York von Ivy losmacht.

> *Typische Amerikanerin*

Die Affäre mit Ivy endet im Überdruss. Die Verführungsszenen werden rückblickend als »absurd« (93, 94) gekennzeichnet. Dass Ivy »nicht dumm« ist, sondern »ein herzensguter Kerl« (65), besorgt und fürsorglich ist, erfährt man nur nebenher. Fabers Vermutung, »daß Ivy mich liebte« (58), hat viel Wahrscheinlichkeit; anerkennenswert ist sein Eingeständnis, dass er sich Ivy gegenüber »wie ein Flegel« (64) benahm. Er gibt zu, wenig von ihr gewusst und sie »nie verstanden« (68) zu haben.

> *»Ein herzensguter Kerl«*

Dass Faber ein gestörtes Verhältnis zu Frauen hat, erklärt er indirekt damit, dass er noch »vor meiner Maturität« von der lungenkranken **Gattin seines Lehrers** verführt wurde: »Das war absurd« (99). Die negative Erfahrung belastet alle folgenden Beziehungen: »Nur mit Hanna ist es nie absurd gewesen« (100). Dies scheint er jedoch erst zu erkennen, seit er Sabeth begegnet ist.

> *Fabers erste Beziehung*

Hanna unterscheidet sich einerseits von jenen Frauen, die Faber als typische überzivilisierte Amerikanerinnen klassifiziert, andererseits aber auch von den naturhaften Wesen, zu denen er ebenfalls lange Distanz hält.

Eine »dicke **Negerin**« ist Faber behilflich, als er während

3. PERSONEN

der Zwischenlandung in Houston einen Ohnmachtsanfall erleidet: »Schweißanfall mit Schwindel« (11). Sie hilft, freut sich, als Faber wieder zu sich kommt, weigert sich, »Geld anzunehmen«, und ist dankbar, »daß der Lord ihr Gebet erhört habe« (12). Wahrscheinlich ist Faber so verärgert über seinen Schwächeanfall, dass er noch im Rückblick diejenige, die seine Schwäche gesehen hat, abschätzig beschreibt: »Brust wie [...] Pudding, [...] Riesenmaul, [...] Kruselhaar, ihre weißen und schwarzen Augen, Großaufnahme aus Afrika« (12).

Ein Beispiel für natürliches Mitgefühl

Er wehrt sich gegen die Hilfe einer Frau, deren Ursprung in einem unterentwickelten Land liegt. Gleichzeitig beneidet er sie wegen ihrer Natürlichkeit, ihrer Gesundheit und ihrer Ursprünglichkeit. Er, der erste Anzeichen von Krankheit und, wie sich später herausstellt, von Tod an sich erfährt, ist konfrontiert mit einer Person, die nur zu niedrigen Arbeiten zugelassen ist, die aber offensichtlich die Fähigkeit hat, sich des Lebens zu freuen.

Fabers Distanz zu der »Negerin«

An genau diese »Negerin« (175) erinnert sich Faber später in Cuba, als er von den schönen Menschen dort – »ich bewundere sie wie fremde Tiere« (177) – angetan ist und als er dem »American Way of Life« abschwört.

Juana, eines der »fremden Mädchen«, das er in Cuba trifft, beeindruckt durch ihr »Lachen« (179) und »weil sie schön« (178) ist. Sie ist »achtzehn« und daher »jünger als unser Kind« (179). Ihr erzählt er von Sabeth und von seiner beabsichtigten Heirat und fragt sie, ob sie glaube, »daß Schlangen [...] von Göttern gesteuert werden, beziehungsweise von Dämonen« (180).

Eine natürliche Begegnung

Faber, der – schuldhaft oder unverschuldet – voller Vorurteile Frauen gegenüber ist, für den das Attribut »weiblich« ein negatives Werturteil ist, der ganze Indio-Stämme als »weibisches Volk« (38) abtut, ist von Vorstellungen besetzt, die ihn blind sein lassen für das, was er anderen, aber auch sich selbst antut.

Die männlichen Nebenfiguren

Aus seiner Sympathie und Antipathie macht der Berichtende auch da keinen Hehl, wo es um Männer geht. Da er sich selbst als Bezugspunkt versteht, lassen sich die meisten männlichen Personen als Kontrast- und Parallelfiguren zu Faber beschreiben.

Einen deutlichen Gegenpol zu Walter Faber bildet **Marcel**. Mit ihm treffen Walter Faber und Herbert Hencke in Palenque zusammen. Marcel ist »Musiker aus Boston«, »Amerikaner französischer Herkunft« (39) und hat eine Vorliebe für die frühen Kulturen Südamerikas. Von Faber wird er für »komisch« gehalten, da er sich für Tempel und Pyramiden, für Riten, Rituale und »Religion« (43) interessiert. Faber, der stolz darauf ist, »kein Kunsthistoriker« (42) zu sein, spricht äußerst despektierlich von ihm als dem »Ruinen-Freund« (39) und dem »Pauspapier-Künstler« (43). Er hat kein Verständnis für ihn und qualifiziert ihn ähnlich ab, wie er Hanna als »Kunstfee« (47) abwertet.

> Marcel: ein Kunstbegeisterter

Sehr viel später, als er dem »American Way of Life« abgeschworen hat, schreibt er Marcel von Cuba aus einen Brief, den er allerdings nicht abschickt. Immerhin hat er eingesehen: »Marcel hat recht« (177).

3. PERSONEN

Als Konkurrenten betrachtet Faber die männlichen Wesen, die sich auf der Ozeanfahrt Sabeth nähern. Der »**Baptist aus Chicago**, [...] ein fideler Kerl« (54), wird eifersüchtig beobachtet, da er über den »Louvre in Paris« (56) besser Bescheid weiß als Faber. Ihm ist »**Lajser Lewin**, Landwirt aus Israel« (52) sympathischer, da dieser auch »noch nie im Louvre gewesen ist« (57) und deshalb lieber über Maschinen redet.

Männliche Konkurrenten Fabers

Aus dem Umkreis Fabers werden dem Leser zwei Figuren vorgestellt, in denen sich der Lebensweg der Hauptperson spiegelt. In Düsseldorf wird Faber ein »junge[r] Techniker« (185) als **Assistent** zur Verfügung gestellt, der sachlich und kühl seinen Auftrag erfüllt, sich nicht einmal von den Bildern des toten Joachim Hencke anrühren lässt, dessen »Besserwisserei« (187) und dessen Erklärungen (»Geht nicht schärfer«, 186) jetzt auch Faber »nervös« (185) machen.

Ein Spiegelbild Fabers?

»**Professor O.**« ist für Faber »immer eine Art Vorbild gewesen« – »ein seriöser Fachmann« (103) und ein fortschrittlicher Weltmann. Er hat einen solchen Einfluss auf Faber gehabt, dass O. ihm sogar im Traum erscheint – »aber vollkommen sentimental, er weinte immerfort, obschon er Mathematiker ist« (15). Bei der tatsächlichen Begegnung in Paris und später in Zürich erkennt Faber den vom Tod Gezeichneten – »Magenkrebs« (104) – nicht. Im Krankenhaus in Athen erfährt Faber, dass »Professor O. [...] auch gestorben« (172) ist. Nur der Leser, nicht aber der Berichtende, merkt, dass dieser Professor O. zugleich Parallelfigur und Todesbote für Faber ist.

Vorbild und Parallelfigur

Joachim Hencke und **Herbert Hencke** werden von Faber als Freunde eingeschätzt: Joachim ist der Jugendfreund, Herbert wird erst in der letzten Lebensphase zum Freund.

> Freunde Fabers

Joachim bereitet sich als deutscher Staatsbürger 1936 auf sein medizinisches Staatsexamen in Zürich vor und ist während dieser Zeit nicht nur Walters Schachpartner, sondern auch sein Berater, als die Frage nach Hannas Schwangerschaftsabbruch ansteht. Weder »das Medizinische« noch das »Juristische« (48) scheint ihm ein Problem zu sein. Umso mehr verwundert es, dass er Hanna heiratet, als Walter im Ausland ist, und dass er auch offensichtlich dafür sorgt, dass das Kind – Elisabeth – geboren wird. Joachim trennt sich von Hanna – eine »Kurzschlußhandlung« (202) –, als er zur Kenntnis nehmen muss, dass sie, seine Frau, mit ihm kein Kind haben will.

> Der Jugendfreund

Dass er »freiwillig zur Wehrmacht« (202) ging, wird der Leser ebenfalls als Kurzschlusshandlung deuten, vielleicht auch, dass er die Position auf der Tabakplantage in Guatemala annahm. Die Frage, »warum Joachim sich erhängt hat« (200), die sich Hanna und Faber stellen, bleibt unbeantwortet.

Für Walter Faber steht fest: »Joachim war mein einziger wirklicher Freund« (59). Gemeinsam ist Walter und Joachim die Art, Probleme rational lösen zu wollen, und das Schachspiel. In der Beziehung zu Hanna ist Joachim mit Sicherheit verständnisvoller und hilfreicher als Walter. Trotzdem scheitert diese Ehe – und auch der Lebensweg Joachims.

Herbert Hencke, der Bruder Joachims, bestätigt Faber zunächst das Bild, das er von den aufstrebenden Deutschen der Wirtschaftswunderzeit hat, die internationalen Anschluss suchen und deshalb verdrängen, welches Leid sie im Zweiten Weltkrieg und in der nationalsozialistischen Zeit über die Welt verbreitet haben.

Eine späte Freundschaft

Erschüttert ist Herbert angesichts des Selbstmords seines Bruders. Er bleibt auf der Hencke-Bosch-Plantage. Walter, der ihn auf seiner letzten Reise noch einmal besucht – »man hat nicht soviel Freunde« –, trifft ihn »verändert« an – mit einem »Bart«, »Brille zerbrochen«: »was man aus der Welt berichtet, interessiert ihn überhaupt nicht« (166). Später erfährt man, dass »die Herren von Hencke-Bosch« Hencke und »die Plantage bereits abgeschrieben« (185) haben. Hencke wird seinem Schicksal überlassen.

Die Personenkonstellation:

Lehrer:
Professor O.

Eltern:
Schweizer Bürger

Vater:
Professor in München, Jude

Begegnungen:

Herbert Hencke
Joachims Bruder,
später Fabers
Freund

Marcel
»Musiker aus
Boston«

Der Baptist aus
Chicago

Lajser Lewin
Landwirt aus Israel

Beziehungen:

Die Gattin
des Lehrers

Ivy
Geliebte in
New York

Juana
Bekanntschaft
in Cuba

Vorgesetzter:
Williams

Walter Faber

Hanna = Johanna Piper,
geschiedene
Hencke, geborene
Landsberg

Elisabeth Piper
von Hanna Elsbeth,
von Faber Sabeth
genannt

Ehemänner:

Joachim Hencke
Fabers Freund
und Hannas
erster Mann

Herr Piper
Hannas zweiter
Mann

4. Die Struktur des Werks

Der Autor Max Frisch lässt einen fiktionalen Ich-Erzähler namens Walter Faber einen Text schreiben, den dieser selbst »Bericht« nennt. Die Textsorte Bericht hat allerdings eine große Bandbreite, die vom streng sachlichen Nachrichtenbericht bis zum stimmungsvollen Erlebnisbericht reicht; eigentümlich ist allen Berichten die »linienhafte, kausalbegründende und unterrichtende Mitteilung«[6]. Faber, dem Techniker, scheint diese Stilform auf den Leib geschnitten. Er handhabt sie, so darf man schließen, in seinem Berufsleben und ist sicher, dass sie für sein Vorhaben geeignet ist. Anders als im strengen Sachbericht oder im Protokoll erlaubt der Bericht im allgemeinen »neben klarer Sachlichkeit« durchaus »Elemente des Erzählens« und lässt sogar zu, dass »frei und selbständig geurteilt«[7] wird.

Der Roman: ein fiktionaler Bericht

So mischen sich auch in Walter Fabers Bericht sachbezogene Informationen, Begründungen und Urteile. Mag sich Faber noch so sehr um Sachlichkeit bemühen, so sind seine letzten Ziele doch nicht Information, sondern Rechtfertigung und Begründung. Das ist schon daran zu sehen, dass er von der strengen Linie des zeitlichen Verlaufs immer wieder abrückt. Dreh- und Angelpunkt des Berichts sind der Unfall und der Tod Sabeths, der Tochter von Hanna Piper und Walter Faber. Über dieses Ereignis und wie es dazu kam, wird aus der Rückschau berichtet. Der Bericht entsteht in zwei Etappen, unter unterschiedlichen Bedingungen. Schon deshalb entstehen zwei Arten von Bericht.

Schreibintentionen

Es zeigt sich während des Formulierens, dass das Bemerkenswerte an diesem Unfall nicht aus der direkten Ereignisfolge der Zeit vom April bis zum Juni 1957 abzuleiten ist, dass vielmehr die Vorgeschichte der Handlungsträger zum Verständnis wichtig ist. So sieht sich der Berichterstatter zu Rückblenden und Nachträgen veranlasst. Schließlich merkt der Leser, dass das zentrale Ereignis in Fabers Leben nicht in der Begegnung mit Sabeth, sondern in der Trennung von Hanna zu sehen ist. Faber greift dann, wenn er Relevantes für ein abschließendes Urteil gefunden zu haben glaubt, über die Zeitlinie voraus nach vorn. Auf diese Weise entsteht eine Struktur, in der die zeitliche Handlungsfolge immer wieder durch Rückblicke und Vordeutungen durchbrochen wird. Ein Urteil über das Handeln der Personen, so erkennt der Leser, kann nur der fällen, der die ganze Lebensgeschichte der Akteure kennt.

> *Das zentrale Ereignis und die Bedeutung der Vorgeschichte*

> *Die ganze Ereignisgeschichte*

Ergänzt um die Vorgeschichte lässt sich aus dem Bericht Fabers im Folgenden die Ereignisgeschichte und Struktur des Textes darstellen.

Die Abfolge der Ereignisse in der Geschichte[8] und die Struktur des Textes

1933–1935 Faber Assistent an der ETH in Zürich
1935 Plan Fabers, Hanna zu heiraten
1936 Trennung von Hanna
Ca. 1937 Heirat Hannas und Joachims, Geburt Sabeths, Scheidung dieser Ehe
1938 Hanna in Paris

4. DIE STRUKTUR DES WERKS

Ca. **1941** Hannas Flucht nach England; Heirat Hannas und Pipers
Ab **1946** Wohnsitz Fabers in New York
1953 Trennung Hannas von Piper; Hanna in Athen
1956 Stipendium Sabeths an der Yale University
1957
25. 3. Abflug Fabers vom La Guardia-Flughafen
26. 3. Zwischenlandung in Houston
Bis 29. 3. Aufenthalt in der Wüste von Tamaulipas
1. 4. Ankunft in Campeche
2. 4. – 7. 4. Aufenthalt in Palenque
8. 4. – 19. 4. Fahrt zur Plantage in Guatemala; Rückkehr nach Palenque; Reise über Mexico-City
20. 4. Faber in Caracas
21. 4. Rückkehr nach New York
22. 4. – 30. 4. Schiffsreise von New York nach Le Havre
29. 4. Fabers 50. Geburtstag
1. 5. Aufenthalt in Paris
13. 5. Übernachtung mit Sabeth in Avignon; anschließend Reise durch Italien
26. 5. Akrokorinth, Unfall Sabeths
27. 5. Athen
28. 5. Kurze Fahrt nach Akrokorinth, Rückkehr nach Athen; Tod Sabeths
1. 6. Faber wieder in New York
2. 6. Abflug nach Caracas; Reiseunterbrechung in Mérida; zweite Fahrt zu der Plantage in Guatemala
20. 6. – 8. 7. Aufenthalt in Caracas
Ab 21. 6. Abfassung des ersten Berichtteils
9. 7. – 13. 7. Aufenthalt in Habana auf Cuba
15. 7. – 18. 7. Düsseldorf, Zürich, Athen
19. 7. – 21. 7. Athen, Krankenhaus; Operation Fabers

4. DIE STRUKTUR DES WERKS

Rückwendungen:	Bericht als Handlungsfolge:	Vorausdeutungen:
	»Erste Station« Abflug von New York: Abschied von Ivy; Zusammentreffen mit dem »jungen Deutschen« Herbert Hencke (7–10) Zwischenlandung in Houston: Fabers Übelkeit; Weiterflug (11–14)	
Joachim und Hanna Landsberg: Eheschließung und spätere Scheidung (28) Affäre mit Ivy (30) Fabers Assistententätigkeit in Zürich; Beziehung mit Hanna (33); Hanna und Joachim hatten eine Tochter (36) Faber und Hanna trennten sich, als Faber eine Stelle im Ausland antrat und Hanna schwanger war (45–48; 56 f.)	Notlandung in der Wüste: Abschiedsbrief an Ivy; Herbert Hencke erweist sich als Bruder von Joachim Hencke, einem Jugendfreund Fabers (15–33) Statt Fortsetzung der Dienstreise Nachforschung nach Joachim: Herbert Hencke, Faber und Marcel treffen Joachim tot in der Plantage in Guatemala an (33–56)	Begegnungen mit Hanna; Gewissheit, Vater zu sein; Tod von Sabeth (22)
Lebensgeschichte Ivys (64) Fabers und Marcels Rückfahrt von der Plantage (69)	Flug nach Caracas, Rückflug nach New York: Auseinandersetzung mit Ivy; Buchung einer Schiffsüberfahrt nach Frankreich; Ziel: Teilnahme an einer Konferenz in Paris (57–68)	Faber wird Sabeth auf dem Schiff treffen (64)

4. DIE STRUKTUR DES WERKS

		Sabeth ist Fabers Tochter (72)
Stationen von Sabeths Lebensweg (82 f.) Erinnerung an Ivy (91) Beziehung Fabers mit der Gattin seines Lehrers (99). Hannas Schwangerschaft sollte unterbrochen werden (105)	**Schiffsreise nach Europa:** Begegnung mit Elisabeth Piper = Sabeth. Heiratsantrag Fabers; Abschied in Le Havre (69–96) **Aufenthalt in Paris:** Treffen mit Sabeth im Louvre; gemeinsamer Besuch der Oper (96–107) **Fabers und Sabeths gemeinsame Reise:** **Frankreich:** Die Nacht der Mondfinsternis in Avignon. **Italien:** Museumsbesuch in Rom; Via Appia. Fabers Erinnerungen an die Nacht in Avignon (107–125)	
Hannas Stellung in Athen (112). Die Ehe mit Piper (112–117) Geschichte Joachims (121) Sabeths Unfall in Korinth und der Transport ins Athener Krankenhaus (127–130). Erinnerungen an die gemeinsame Zeit in Zürich; Hannas Lebensweg (143 f.). Die genaue Beschreibung des Unfalls (156–158). Die medizinische Diagnose von Sabeths Unfalltod (160)	**Athen:** Fabers Wiedertreffen mit Hanna: Begegnung im Krankenhaus; Gespräche mit Hanna in deren Wohnung; Gewissheit, dass Sabeth Hannas und Fabers gemeinsame Tochter ist; Fahrt nach Korinth, um Fabers und Sabeths Sachen zu holen; Sabeths Tod im Krankenhaus (125–160). Abfassungsdatum des Berichts: 21. 6.–8. 7. (1957) in Caracas (160)	Sabeth erweist sich als das gemeinsame Kind von Hanna und Faber (118)

4. DIE STRUKTUR DES WERKS

Aufenthalt in New York am 11. 6. (161)	»Zweite Station«
Flug nach Caracas am 2. 6.: Miami, Mérida, Campeche, Plantage (Besuch Herberts); Caracas: Wegen Magenbeschwerden ins Krankenhaus (170). Aufenthalt in Cuba (172–182). Erinnerungen Hannas an ihren Bruder und an Armin (182–184). Aufenthalt in Düsseldorf: Filme mit Sabeth (185–192). Aufenthalt in Zürich: Treffen mit Prof. O. Rückkehr nach Athen (193–198). Reflexionen über Hannas und Joachims Leben (200–202)	**Beginn der Aufzeichnungen: 19. 7. im Krankenhaus in Athen** (161): Handschriftliche Tagebuchnotizen (161)
	Tagebuch: Wunsch, Hanna zu heiraten (164)
	Tagebuch: Diskussion mit Hanna über Technik (169 f.)
	Tagebucheintragung (170 f.)
	Tagebucheintragung: Gespräche mit Hanna (182)
	Tagebuch: Operationstermin (192)
	Tagebuch: Überlegungen und Verfügungen vor der Operation (198–203)
	»Sie kommen« (203)

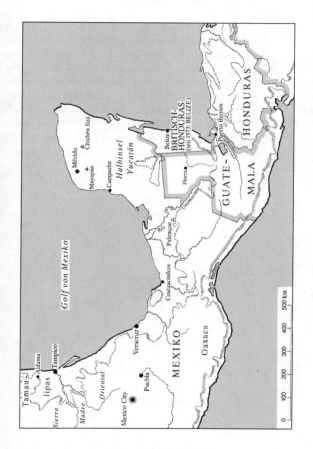

Der mittelamerikanische Schauplatz des Romans

Noch hinter dem fiktionalen Berichterstatter ist mit einem versierten Erzähler zu rechnen, der ein Bedeutungsgefüge in den Text bringt, das dem um Sachlichkeit bemühten Berichterstatter nicht bewusst ist. Dieser Erzähler weiß beispielsweise viel mehr über die Geschichte und kulturelle Bedeutung der Orte, an denen sich Faber aufhält, als dieser selbst. Vor allem kennt er sich in literarischen Texten und in der antiken Mythologie aus. So liefert Faber in seinem Bericht Denkanstöße, die ihm selbst nicht bewusst sind.

> Der fiktionale Berichterstatter und der Erzähler des Romans

5. Wort- und Sacherläuterungen

Ein ausführlicher Wortkommentar mit Worterklärungen und Sacherläuterungen zu Max Frisch: *Homo faber*, von Klaus Müller-Salget, liegt in der Reclam-Reihe *Erläuterungen und Dokumente* vor. Deshalb werden im vorliegenden Abschnitt nur solche Informationen zusammengetragen, die für das Leseverständnis unbedingt notwendig sind, zunächst solche, die einen Überblick über die **Orte** geben, die Faber bereist, und über die **Zeit**, in der er lebt. Einzelerklärungen schließen sich an.

Die äußere Anlage von Fabers Aufzeichnungen entspricht weitgehend einem Reisebericht, der seine Gliederung durch Ortswechsel erhält. Der Ausgangspunkt von Fabers Unternehmungen ist New York, Hauptsitz der UN, der Vereinten Nationen. Die UNESCO, wörtlich: United Nations Educational, Scientific and Cultural Organisation, ist eine Sonderorganisation der UN, wurde 1945 in London gegründet und hat einen Sitz in Paris. Faber kennt New York mit seinen zwei Flughäfen La Guardia (7) und Idlewild (57) und dem Schiffshafen, hat eine Wohnung am Central Park West (59), macht Ausflüge nach Fire Island (65), erwähnt die Bronx (67), einen Stadtteil in der Nähe von Harlem, und scheint sich über die Jahre hinweg dem »American Way of Life« (50) angepasst zu haben, gegen den er erst am Ende seines Lebens und seines Berichts Skepsis entwickelt. Von New York aus startet er zu einer Dienstreise nach Caracas in Venezuela mit einem Zwischenaufenthalt in Houston, Texas (10).

Der Wohnsitz Fabers und Stationen seiner Reisen

Reisen nach Mittel- und Südamerika

5. WORT- UND SACHERLÄUTERUNGEN

Das nächste Ziel, Mexico City (16), wird nicht erreicht. Ein Defekt zwingt die Maschine, die sich über dem Golf von Mexico (15) befindet, zur Umorientierung. Ein Flughafen ist nicht mehr erreichbar, so kommt es zur Notlandung in der Sierra Madre Oriental (18), in der Wüste von Tamaulipas (22), auf mexikanischem Gebiet.

Von nun an weicht Walter Faber von seinem Reiseweg und -zweck ab. Er forscht mit Herbert Hencke, seinem Reisebekannten, nach Joachim, dessen Bruder, und begibt sich über Campeche (33) und Palenque (35) in das Gebiet, das geografisch als Dschungel, kulturhistorisch aber als Gebiet der ehemaligen Hochkulturen der Indios (38) vorgestellt wird, also der Tolteken, der Azteken, der Zapoteken (39) und der Mayakultur (42). Faber hat also Unrecht: Er ist nicht »am Ende der Welt, mindestens am Ende der Zivilisation« (37), sondern viel eher an deren Anfang.

Von Palenque aus setzt Faber seine Dienstreise fort, erkundigt sich in Caracas (57), Venezuela, nach seinem Projekt, fliegt zurück nach New York und begibt sich per Schiff auf den Weg zu einer Tagung in Paris – Zwischenstationen Southampton (94) und Le Havre (95). In Paris (96 ff.) ist er mit Sabeth im bedeutendsten Museum der Hauptstadt, dem Louvre (100), und in der Opéra (102).

Die Reise nach Europa: Frankreich, Italien, Griechenland, Athen

Dann beginnt jene Reise mit Sabeth, die er »Hochzeitsreise« nennt, und die sie zuerst durch Frankreich – Arles (189), Avignon (101), Nîmes (189), Marseille (190) und Toulon –, dann durch Italien – Pisa, Florenz, Siena, Perugia, Arezzo, Orvieto, Assisi (107) – nach Rom (108) führt. Hier in Rom, an der Via Appia (113), und vor allem im Museum Nazionale (110), begegnen sie der Kunst und den Mythen der antiken Welt.

5. WORT- UND SACHERLÄUTERUNGEN 39

Mit der Überfahrt von Bari nach Patras (136) beginnt eine letzte Etappe. In der Nähe von Korinth (127) verunglückt Sabeth. Auf dem Weg nach Athen kommt Faber an Megara, Eleusis und Daphni, mythologischen Orten des antiken Griechenlands, vorbei. In Athen wird er auf das Dionysos-Theater (131) hingewiesen, wo die bekanntesten antiken Tragödien, unter ihnen *König Ödipus* von Sophokles, aufgeführt wurden, und auf den Lykabettos und die Akropolis (133), den berühmtesten Tempelbezirk der Antike.

Walter Faber, der, obwohl er Schweizer ist, ganz auf den »American Way of Life« eingeschwenkt zu sein scheint, wird auf seinen Reisewegen indirekt Lebens- und Weltkonzeptionen gegenübergestellt, die den seinen genau entgegengesetzt sind. Während er sich als Wahl-Amerikaner vor allem für Flugzeugtypen (7, 17, 117) und Autotypen interessiert (Nash, 14, Studebaker, 30, Cadillac, 41, Fiat, 108, Alfa Romeo, 123, Citroën, 124, Opel-Olympia, 159), als Organisator seine Schreibmaschine ständig dabei hat, nebenher seine Kamera betätigt und aus dem Stegreif Vorträge über mathematische und physikalische Themen halten kann, wird er gezwungen, sich mit Welt- und Lebensdeutungsmustern auseinander zu setzen, die ihm als überholt gelten.

> Faber: ein Wahl-Amerikaner?

Aus einer Reihe von Texthinweisen lässt sich erschließen, wann die Haupthandlung spielt. So wird auf die Präsidentschaft von Dwight D. Eisenhower (76) hingewiesen, die von 1953 bis 1961 dauerte. Als ganz aktuell wird der Aufruf der Göttinger Professoren vom 12. April 1957 (166) erwähnt. Mit diesem Manifest protestierten achtzehn deutsche Physiker ge-

> Die erzählte Zeit

gen eine geplante atomare Ausrüstung der deutschen Bundeswehr. Damit ist nicht nur die Handlungszeit für die Monate April bis Juli 1957 zu erschließen, sondern auch thematisch wird ein weiterer Akzent gesetzt.

Die handelnden Personen, die 1957 im 50. Lebensjahr sind, haben die nationalsozialistische Diktatur und den Zweiten Weltkrieg erlebt. Erinnert wird an den »Parteitag in Nürnberg« 1935, auf dem die »Verkündigung der deutschen Rassengesetze« (46) erfolgte, an die Vertreibung und Vernichtung der Juden (Stichwort: »Theresienstadt«, 29). Nun, nach dem Krieg, geht es darum, neue Konzepte zur humanen Ausgestaltung der Welt zu finden. Herbert Hencke trägt mit seinen Auffassungen über »Herrenmenschen und Untermenschen« (9) noch gefährliche Vorurteile aus der nationalsozialistischen Vergangenheit mit sich herum. Walter Faber ist dagegen frei von Vorurteilen solcher Art. Ob aber seine Konzeption von dem Techniker, der allein in der Lage sei, der Welt den Fortschritt zu bringen, richtig ist, dürfte fraglich sein. Das Programm der UNESCO »technische Hilfe für unterentwickelte Völker« (10) steht zur Diskussion.

Nicht nur durch Sabeth wird Faber veranlasst, sich mit Lebens- und Weltkonzeptionen auseinander zu setzen, die in der Kunst, in den Mythen und in den Religionen tradiert sind. In Rom wird er durch die Darstellungen der Venus (110), der Göttin der Liebe, und der Erinnyen (111), der griechischen Schicksalsgöttinnen, herausgefordert. Hanna erinnert ihn ebenfalls an die Schicksalsmythen, an »die Erinnyen beziehungsweise Eumeniden« (142). Für sie hat auch der Mythos »Oedipus und die Sphinx« (142) aktuelle Bedeutung. Diese Sphinx stellte einst die Frage: Was geht am Morgen auf vier Beinen, am Mittag auf

Moderne Technik und antike Mythen

5. WORT- UND SACHERLÄUTERUNGEN

zweien und am Abend auf dreien? Ödipus löste das Rätsel und befreite Theben von der Bedrohung. Das Lösungswort lautete: Der Mensch. Die Frage, die Ödipus gestellt wurde, stellt sich auch für Faber: Was ist der Mensch? Konkreter: Wer bin ich?

Einzelerklärungen

7,9f. **First Pictures Of World's Greatest Air Crash In Nevada:** Die Nachrichtenüberschrift – Die ersten Bilder vom schwersten Flugzeugunglück der Welt – ist nicht nachweisbar, also offensichtlich fiktiv. Sie hat vordeutende Funktion.

7,22 **Ivy:** weiblicher Vorname, der wörtlich ›Efeu‹ bedeutet und insofern als sprechende Bezeichnung anzusehen ist (s. auch *Homo faber*, 91).

9,14 **rororo:** Es handelt sich um ein Taschenbuch aus der Reihe »rowohlts rotations romane«, die seit 1950 erschienen und große Verbreitung hatten. »Heftlein« charakterisiert den Schreiber als Deutsch-Schweizer.

9,28 **Iwan:** metonymische Bezeichnung aus der Soldatensprache für russische Soldaten, dann allgemein für die Bevölkerung der UdSSR. Die Vornamen-Metonymie hat ebenso abwertende Funktion wie die zuvor gebrauchte Metonymie »der Russe«.

9,32 **Unterscheidung nach Herrenmenschen und Untermenschen:** Formal distanziert sich der redende Deutsche von der Rassenideologie der Nationalsozialisten, nach der die nordische Rasse als die wertvollere das Recht habe, die minderwertigen Rassen wie die Ost-Völker zu unterwerfen; tatsächlich gibt er sich im nächsten Satz als infiziert zu erkennen, wenn er die »Asiaten« insgesamt abwertet.

11,14 f. Your attention please ...: Die folgenden Aufrufe in englischer Sprache sind insofern realistisch, als sie den üblichen Lautsprecherdurchsagen in internationalen Flughäfen entsprechen. Zugleich können sie als Appelle an Faber verstanden werden, der vor wichtigen Entscheidungen steht, und zusätzlich als Appelle an den Leser, die Doppelbödigkeit der Aussagen zu bedenken: »Achtung, Achtung!«, »Letzter Aufruf!« usw.

20,23 Agaven: Die Pflanzenbezeichnung ist abgeleitet vom griechischen Adjektiv *agauós* ›erlaucht, erhaben, berühmt‹. *Agaué*, lat. Agave, heißt die Tochter des Kadmos, des Gründers der Stadt Theben. Agaven blühen am Lebensende und sind Zeichen der Vergänglichkeit.

22,12/28 Mystik, Mystifikation: Der Begriff *mystikós* wurde zuerst auf die antiken Mysterien von Eleusis bezogen. Als Mysterien werden dann allgemein Lehren und Handlungen kultischer Feiern bezeichnet, deren Teilnehmer sich in die Geheimlehren einweihen lassen müssen. Es spricht viel dafür, dass die Bezeichnungen Mystik, Mysterium und Mystifikation auf das altgriechische Verb *mýein* ›die Augen schließen‹ zurückgeht. Für Faber sind Mystik und Mystifikationen irrationale Denk- und Handlungsweisen einer überholten vorwissenschaftlichen Epoche der Menschheitsgeschichte. Er selbst folgt wissenschaftlichem Brauch, wenn er sich zur Begründung seiner Aussagen mit einem »Vergleiche hierzu« auf tatsächlich einsehbare wissenschaftliche Fachliteratur bezieht.

24,22 Dämonen: übermenschliche Wesen, denen bei den Griechen, aber auch bei anderen Naturvölkern, göttliche Kraft zugesprochen wird. Für das Irrationale, völlig Unerwartete, vor allem für das Verhängnisvolle werden dann Dämonen verantwortlich gemacht. – Das Thema von Fa-

5. WORT- UND SACHERLÄUTERUNGEN

bers Dissertation »Über die Bedeutung des sogenannten Maxwell'schen Dämons« (33) betrifft ein Gedankenexperiment der statistischen Mechanik und gehört in den Bereich der Mathematik. Diese Dissertation hat Faber jedoch nie abgeschlossen (194).

24,34 **hysterisch:** adjektivische Ableitung von ›Hysterie‹. Das Wort geht auf das altgriechische Substantiv *hystéra* ›Gebärmutter‹ zurück und bezeichnet Anfälle von Erregungen, Zittern und Lähmung, die heute meist als Erscheinungen einer Neurose angesehen werden.

Die Anlage zur Hysterie ist allgemein menschlich und keineswegs, wie die Wortherleitung vermuten lassen könnte, allein auf das weibliche Geschlecht bezogen.

28,29 **Halbjüdin:** Herbert Hencke benutzt hier wieder einen Begriff aus der nationalsozialistischen Rassenideologie. Faber wird damit gedanklich in die Zeit versetzt, in der diese Ideologie eine Bedrohung für ganz Europa wurde. Der Schicksalsweg Hannas wird mit den Hinweisen auf die Verkündigung der »Rassengesetze« auf dem Parteitag in Nürnberg 1935 (46), auf die Pogrom-Nacht 1938 (32) und die Ermordung von Juden in Konzentrationslagern (29) angedeutet.

34,27 **Zopilote:** Aasgeier und als solche verknüpft mit den Vorstellungen von bevorstehendem Tod und würdelosem Lebensende.

50,25 f. **The American Way of Life:** Schlagwort für die angeblich amerikanische Art zu leben, bei der Vorstellungen von totaler Freiheit, unbegrenztem technischem Fortschritt und von grenzenlosen Konsummöglichkeiten die Leitlinie bilden.

68,34 **kremiert werden:** vom lateinischen Verb *cremare* ›verbrennen‹ abgeleitetes Fremdwort für ›eingeäschert

5. WORT- UND SACHERLÄUTERUNGEN

werden‹. Faber möchte sich dem kreatürlichen und organischen Ablauf von Werden und Vergehen entziehen.

82,31 **Yale:** amerikanische Privatuniversität in New Haven im US-Staat Connecticut.

107,26 **Manie:** Lehnwort, das auf das altgriechische Substantiv *manía* ›Raserei, Wahnsinn‹; ›Verzückung, Begeisterung‹ zurückgeht. Faber distanziert sich damit immer noch von dem Bereich der Kunst, obwohl er auf den nächsten Seiten ausführlich über die Wirkung und die Bedeutung der beiden Kunstwerke »Geburt der Venus« und »Kopf einer schlafenden Erinnye« berichten wird.– »Manie« ist nach Ansicht Fabers auch eine charakteristische Eigenschaft Hannas.

131,31 **Dionysos-Theater:** Mit dem Hinweis auf das Dionysos-Theater am Abhang der Akropolis in Athen fällt das entscheidende Stichwort für eine Deutung von Fabers Lebensweg, gegen die er sich mit allen zur Verfügung stehenden Argumentationsweisen gewehrt hat. Dionysos ist ein Vegetationsgott, er ist Mittelpunkt der Eleusinischen Mysterien. Das Dionysos-Theater in Athen ist das Zentrum der griechischen Tragödie. Der Stoff der Tragödien stammt zum größten Teil aus den Mythen; erwähnt werden unter anderem »Oedipus«, »Athene« und »die Erinnyen beziehungsweise Eumeniden« (142). Dem Leser bleibt es überlassen, das mythologisch erfasste, vorwissenschaftliche Weltbild mit dem Weltbild Fabers, des Technikers und Wissenschaftlers, zu vergleichen.

6. Interpretation

Der Titel. Bei modernen Literaturwerken hat der Titel die Funktion, Käufer anzulocken, Leseanreize zu setzen und eine vorläufige Erwartungshaltung zu erzeugen. Der Titel soll einprägsam sein und einen ersten »Hinweis auf Inhalt, Form, Stil und Bedeutung des Werkes«[9] geben. Die Wortverbindung »Homo faber« ist, unter rhythmisch-klanglichen Gesichtspunkten betrachtet, sicher anlockend; inhaltlich stellt sie den Interessierten vor einige Schwierigkeiten. Er muss den lateinischen Ursprung der Wörter erkennen und zugleich den kulturhistorischen Zusammenhang durchschauen. Dann erst wird ihm bewusst, dass er es mit einer Bezeichnung zu tun hat, mit der ein Menschentyp in grobem Umriss charakterisiert werden soll. Entwicklungsgeschichtlich unterscheidet man beispielsweise den Homo sapiens, den mit Verstand begabten Menschen, von seinen Vorgängern; kulturhistorisch hebt man den Homo ludens, den Menschen, der spielen kann, ab von dem Homo faber, dem Menschen, der als »schaffendes Wesen« charakterisiert wird. Als weitere Klassifizierungen sind »homo politicus«, »homo religiosus« und andere im Gebrauch.

Charakterisierung eines Menschentyps

Im Titel wird also ein Typ, ein Muster, ein Urbild angekündigt. Ein Typus ist ursprünglich eine vorgeprägte Form, durch die gesichert wird, dass alle Ausprägungen vergleichbar sind, dass das Eigentümliche bestimmend wird und alles Individuelle nebensächlich. Während man ganz unverfänglich von Auto-, Flugzeug- und Schiffstypen spricht, ist man im allgemeinen sehr vorsichtig mit der Typisierung von Menschen oder Menschenrassen, weil bei solchem Vorgehen die Individualität des Menschen unberücksichtigt bleibt und Vorurteile Platz greifen.

Faber: Personenname oder Typbezeichnung? Die Wortprägung, die dem Buch den Titel gibt, tritt in dem Werk an einer einzigen Stelle auf. Vorher ist klar, dass der fiktionale Verfasser des Berichts mit Nachnamen Faber – er wird als »Passenger Faber« (12) aufgerufen – heißt, dass sein Vorname Walter ist, dass er als ausgebildeter »Techniker« (22) im Auftrag der UNESCO »technische Hilfe für unterentwickelte Völker« (10) leistet. Man weiß also, dass die Lautfolge »faber« doppelsinnig ist: Sie steht für den Namen der Hauptperson und als Wort für das Wesensmerkmal in einem hypothetischen Typisierungsversuch von Menschen. Diese Doppeldeutigkeit macht sich Hanna, Fabers Freundin in Züricher Studienzeiten, zunutze und nennt Walter »Homo Faber« (47). Die Äußerung ist als Retourkutsche dafür gedacht, dass Faber seine Freundin »Schwärmerin und Kunstfee« (47) benennt. Mit diesen beiden Bezeichnungen sind die Gegensätze, die zwischen den beiden Hauptpersonen des Romans bestehen, aufs Äußerste gesteigert und in eine gegenseitig beleidigende Form gebracht. Der Berichterstatter gibt rückblickend zu, dass es »manchmal […] einen regelrechten Krach« (47) gab, wenn ihre unterschiedlichen Temperamente aufeinander stießen. Ob diese gegenteilige Verurteilung zu Recht geschieht, müsste noch geprüft werden.

>> »faber« doppelsinnig

Der Konflikt zwischen Faber und Hanna. Faber hält Hanna in der Züricher Zeit für »sehr empfindlich und sprunghaft«, schreibt ihr »ein unberechenbares Temperament« (46) zu; Joachim, der Mediziner-Freund, schätzt sie als »manisch-depressiv« (46f.) ein, also schon als krankhaft, obwohl er sie »nur ein oder zwei Mal gesehen« hat. Umgekehrt lehnt Hanna Joachim als »Deutschen« ab, da sie in jedem Deutschen einen »Nazi« (47) sieht. Von sich selbst sagt Faber, dass man in ihm den »Typ, der mit beiden Füßen auf der Erde steht« (47), vor sich habe. Verständlich, dass es dann zum Streit kommt, wenn Hanna ihren Freund »immer wieder« ins »Schauspielhaus« »nötigte«: Die »Interessen« (47) beider sind offensichtlich unterschiedlicher Art. Trotzdem meint Faber, damals »glücklich« (47) gewesen zu sein. Ob das auch Hanna von sich glaubt, wird nicht gesagt.

Der entscheidende Konfliktfall tritt ein, als der junge Ingenieur Faber ein »Angebot von Escher-Wyss«, einer bedeutenden Firma, erhält, eine »Stelle in Bagdad anzutreten« (47), und als am gleichen Tag Hanna mitteilt, sie erwarte ein Kind. Alle Erklärungen und alle Rechtfertigungen beseitigen nicht den Eindruck, dass Faber die Stelle als Ingenieur wichtiger ist als das gemeinsame Kind. Faber glaubte damals, dass alle Probleme beseitigt seien, als Hanna einverstanden schien, »das Kind nicht haben« (48) zu wollen. Aber genau dieses Kind wird ihn in die entscheidende Grenzsituation seines Lebens bringen.

> Fabers Entscheidung gegen das Kind

Von dem weiteren Lebensweg Fabers erfährt man kaum etwas: Er ließ, offensichtlich 1936, Hanna zurück, ging nach Bagdad, erkundigte sich weder nach Hanna noch nach dem Kind, kam nach dem Zweiten Weltkrieg nach New York und arbeitet nun, 1957, im Auftrag der UNESCO. Seine Lebenskonzeption, die sich gegenüber seinen Vorstellungen in der Studentenzeit kaum geändert hat, legt er offen dar.

Faber als Techniker. Die Notlandung in der Wüste hat ihn in seiner Konzeption keineswegs irre gemacht: Er reflektiert seine Situation »als Techniker« gemäß den »Formeln der Wahrscheinlichkeit« (22). Auch später, auf dem Schiff, behauptet er seinen »Standpunkt, daß der Beruf des Technikers, der mit den Tatsachen fertig wird, immerhin ein männlicher Beruf« (77) ist. Noch deutlicher seine abgrenzende Behauptung: »Wir leben technisch, der Mensch als Beherrscher der Natur, der Mensch als Ingenieur, und wer dagegen redet, der soll auch keine Brücke benutzen, die nicht die Natur gebaut hat« (107). Mit dieser Aussage scheint er sich selbst als einen Homo faber zu charakterisieren und zu typisieren.

Zugleich verbindet er die Beschreibung mit einer Typisierung des Mannes schlechthin: Für ihn geht »jeder wirkliche Mann [...] in seiner Arbeit« auf; deshalb sein Bedürfnis, »allein« (90) zu sein. Mit diesem Wunsch weist er nicht nur Ivy, sondern »Frauen« (91) allgemein, überhaupt Menschen, auch Männer, zurück.

> *Selbstdefinition durch Arbeit*

Damit scheint die Selbstbestimmung vollständig: Walter Faber stellt sich als einen Individualisten dar, der sich durch den Beruf des Ingenieurs und seine Tätigkeit als Techniker definiert. Die Gleichsetzung »Walter Faber« und »Homo faber« scheint berechtigt. Und doch sind Zweifel angebracht.

Fabers Bericht als Rechtfertigungsversuch. Zu beachten ist, dass Faber vom ersten Satz seines Berichtes an unter dem Druck steht, sich rechtfertigen zu wollen oder zu müssen – vor sich, vor Hanna, die er vor der Abfassung des Berichtes schon gesprochen hat, und – wenn man den Roman als fik-

6. INTERPRETATION

tionalen Text ernst nimmt – vor den Lesern. Faber weiß, dass Sabeths Unfall und Tod in einem ursächlichen Zusammenhang mit ihm steht. Er weiß auch, dass sein Verhältnis zu und mit Sabeth vor Hanna, der Mutter, kaum zu erklären ist. So scheint er zu dem Erklärungsmuster greifen zu wollen, alles sei Zufall, vielleicht eine »Kette von Zufällen« (22). Diese Argumentationsweise stützt er ab, indem er sich auf wissenschaftliche Methoden wie Statistik und Wahrscheinlichkeitsrechnung beruft und dies wieder damit begründet, dass er Techniker und Ingenieur sei. Dass ihm dabei nicht wohl ist, merkt man etwa an dem plötzlichen Ausbruch: »Wozu noch ein Bericht?« und der vorangegangenen Erkenntnis: »Was ändert es, daß ich meine Ahnungslosigkeit beweise, mein Nichtwissenkönnen?« (72). Abgesehen von dem Denkfehler, man könne »Nichtwissen« beweisen, würde eine lückenlose Erklärung weder die Fakten ändern noch die Mutter trösten, noch Faber erleichtern. Er weiß: »Ich habe das Leben meines Kindes vernichtet und ich kann es nicht wiedergutmachen« (72).

> »Kette von Zufällen«

Die Verformung Fabers. Der Versuch, mit dem Zufall zu argumentieren, ist jedoch schon ein Hinweis auf »eine déformation professionelle« (142), die er bei Hanna festzustellen glaubt, die er aber auch in anderer Weise bei sich selbst zu bemerken scheint. Er hat sich in den langen Jahren seines Berufslebens dahin entwickelt, dass er den Menschen als eine »Konstruktion« beurteilt, dessen »Material«, das »Fleisch«, »verfehlt« (171) ist; er lobt dagegen die Zuverlässigkeit und die Empfindungslosigkeit eines Roboters und einer Maschine: »die Maschine erlebt nichts, sie hat keine Angst und keine Hoffnung, die nur stören [...]; der Roboter braucht keine Ahnungen« (75). Doch auch hier sollte unter die Oberfläche der Äußerung gesehen werden: Faber wird durch Sabeths Äußerung, »der Mensch sei keine Maschine« (74), provoziert und lässt sich zu Ausführungen hinreißen, die nicht zu Ende gedacht sind. Er merkt: »Sabeth fand mich komisch« (75). An einer solchen vorsichtigen Distanzierung ist ihm aber überhaupt nicht gelegen; im Gegenteil: seit er dem »Mädchen mit dem blonden Roßschwanz« (69) begegnet ist, fühlt er sich zu ihr hingezogen, auch wenn er dies in seinem Bericht zu bestreiten sucht. Wenn er behauptet, er sei »nicht verliebt« (72) gewesen, er habe »ihr nicht nach« (73) gestellt, er sei nicht »eifersüchtig« (74) gewesen, so lässt der Kontext erkennen, dass jeweils das Gegenteil richtig ist, dass sich hier jemand anklagt, indem er sich zu entschuldigen sucht.

Walter Faber ist verformter, als er vor sich selbst zugibt. Seine Abwehr gegen alles, was als Kunst Beachtung beansprucht, und sein Verdrängen von allem Naturhaften des Menschen wirkt in seiner maßlosen Übertreibung auch auf den Leser komisch. Vordergründig mag sein Bestreben, immer wohlrasiert zu sein, ein Tic sein; tiefer gesehen liegt darin schon die Abwehr gegen alles Kreatürliche. Dass ihm die »Fortpflanzerei« im Dschungel »auf die Nerven« (51) geht, mag man hinnehmen; dass ihm die naturgegebene Art, »wie Mann und Weib sich paaren«, »absurd« (93) vorkommt, lässt wieder tiefer blicken.

Abwehr des Kreatürlichen

Die untergründigen Bedürfnisse Fabers. Unter dem Panzer, den Walter Faber sich zugelegt hat, werden Wünsche und Bedürfnisse erkennbar, die lange verdrängt wurden. Mit der Erinnerung an »Joachim, meinen Freund« (23), beginnt eine Handlungskette, die da anknüpfen möchte, wo sie am Ende der Studienzeit riss. Von diesem »Freund« (83) und seinem Ende erzählt er Sabeth. Später sucht er Herbert Hencke auf der Plantage auf, wo sie Joachim tot vorfanden; Begründung: »man hat nicht soviel Freunde« (166). Als er dann weiß, dass er verloren ist, also kurz vor der Operation, dient dies zur Beruhigung: »Hanna ist mein Freund, und ich bin nicht allein« (198).

So wird auch verständlich, dass er plötzlich »sagt, was ich nie habe sagen wollen« (95). Er macht Sabeth einen Heiratsantrag und dieser Heiratsantrag steht in Gegensatz zu allen Grundsätzen, die er vorher vertreten hat, und zu allen Erfahrungen, die er in der Affäre mit Ivy gemacht zu haben glaubt. Dennoch ist der Schritt konsequent. Nicht die Jugendlichkeit Sabeths und nicht ihr modischer Rossschwanz geben den Anstoß, sondern ihr »Hanna-Mädchen-Gesicht« (94). Faber spricht zu Sabeth, die ihm »fremder als je ein Mädchen« (95) ist, und er meint Hanna. Er denkt später an »Heirat wie noch nie« (108), spielt nach dem Tod Sabeths mit dem Gedanken, Hanna zu heiraten, und ist der Ansicht, noch einmal reparieren zu können, was bei der Trennung von Hanna zerstört worden ist.

> Heiratsantrag gegen seine Grundsätze

Faber und Sabeth. Kaum hat Faber Sabeth gefragt, »ob sie mich denn heiraten würde«, da wird ihm bewusst: »Mein Leben lag in ihrer Hand –« (95). Damit sagt er mehr, als er in dem Augenblick ahnen kann. Von ihrer Antwort wird zwar auch abhängen, was in der Zukunft geschieht, aber mehr noch, inwieweit er von seiner eigenen Vergangenheit eingeholt wird. Er wird Sabeth zwar nicht heiraten, aber mit ihr durch Frankreich, Italien und Griechenland reisen, bis sie in der Nähe von Korinth verunglückt und in Athen stirbt. Auf dieser Reise wird Faber erfahren, dass Sabeth jenes Kind ist, das er zeugte und das er »nicht haben wollte« (105). Anfang und Ende von Sabeths Leben hängen eng mit dem Leben Walter Fabers zusammen. Umgekehrt ist das Leben Fabers geprägt von dem Kind, gegen das er sich entschieden hatte, in das er sich verliebte und dessen Tod er miterleben muss.

> Sabeth, Fabers ungewolltes Kind

Der »Unfall«. Der Tod Sabeths, der »Unfall« (156) und das »Unglück« (158) lassen unterschiedliche Fragen aufkommen. Am leichtesten ist noch der medizinische Befund herzustellen: »der Tod unserer Tochter [ist] nicht durch Schlangengift verursacht gewesen […]; ihr Tod war die Folge einer nicht diagnostizierten Fraktur der Schädelbasis« (160). Damit sind Grund und Ursache wissenschaftlich geklärt, leider zu spät und zunächst einmal falsch. Bei einer sofortigen richtigen Diagnose – und Faber hätte durch einen genauen Bericht des Unfallhergangs dazu beitragen können – hätte Sabeth gerettet werden können. Im größeren Zusammenhang gesehen, ist diese Erklärung aber fast belanglos. Sie wird am Ende der ersten Station des Berichts nachgeschoben.

Entscheidender sind zwei andere Fragen, die ebenfalls auf den Grund gehen und von denen der ganze Bericht bestimmt ist. Offen, aber doch mit einer Abwehrgeste gestellt, fragt Faber: »Was ist denn meine Schuld?« (123). Die andere Frage trägt er seit den Gesprächen mit Hanna in Athen mit sich herum; er versucht, sie abzuwehren und wegzudrängen und muss sich ihr doch stellen. Offensichtlich hat

> Die Schuld Fabers

Hanna sich und Faber gefragt, ob das ganze Geschehen nicht auf das Eingreifen höherer Mächte zu beziehen sei – »weil sie an Schicksal glaubt« (142). In Athen geht Faber einer Diskussion aus dem Weg – »ich wollte nicht streiten« (142). Deshalb muss er zu Anfang seines Berichts Stellung beziehen und er tut das in aller Deutlichkeit: »Ich glaube nicht an Fügung und Schicksal, als Techniker bin ich gewohnt mit den Formeln der Wahrscheinlichkeit zu rechnen« (22). Er merkt nicht, dass ihn diese Aussage genau jener »déformation professionelle« verdächtig macht, die er Hanna zuschreibt, wenn er ihr vorwirft, dass sie »an Schicksal glaubt« (142).

Zufall oder Schicksal?

Der Prozess gegen Faber. Unter der Oberfläche von Fabers Bericht und Rechtfertigungsversuch verläuft ein Prozess, der die Frage nach dem Wirken höherer Mächte und die Frage nach Fabers Schuld zum Thema hat, von dem Faber aber weniger bemerkt als der Leser: Als Faber sich in Houston versteckt, wird er vom Lautsprecher aufgefordert: »Passenger Faber […]«; »Your attention please!« (12); »This is our last call« (13). Als die Stewardess – »We're late, Mister Faber« – ihn in die Maschine zurückkomplimentiert, geht er »wie einer, der vom Gefängnis ins Gericht geführt wird« (14). Das »I'm sorry« (14), das er den Passagieren und der Stewardess gegenüber äußert, mag für den konkreten Fall genügen. Für die Gesamtverhandlung seines Lebens wird eine derartige Entschuldigungsfloskel nicht reichen. Auf dem Weiterflug versucht er »Schlaf nachzuholen«; im Traum nimmt er »Lautsprecher, die immer meinen Namen riefen«, wahr und er fühlt sich »bedrängt« (15). Mit allen Mit-

Fabers Abwehr der Schuld

teln wehrt er sich gegen die Vorstellung, selbst schuldig oder Opfer einer höheren Macht zu sein: Er hört nicht zu, wenn man ihm Erklärungen gibt; er rechnet falsch, um seine vorgefasste Meinung vor sich selbst zu bestätigen; er sieht nicht genau hin, wenn er mit Unangenehmem konfrontiert wird.

In Athen, nach der ersten Unterredung mit Hanna, fühlt er sich, »wie wenn man träumt, man sei zum Tod verurteilt, und weiß, es kann nicht stimmen, ich brauche bloß zu erwachen –« (149). Was er verkennt, ist, dass er tatsächlich zum Tode verurteilt ist. In Houston sah er sein »Gesicht im Spiegel«: »scheußlich wie eine Leiche« (11). Jeder weitere Blick in den Spiegel ist für ihn eine Herausforderung, sich der Wahrheit zu stellen. Die Wahrheit aber heißt Tod.

Der Tod Joachims nimmt ihn mehr mit, als er zugeben mag. Was so distanziert aussieht – »Wir fotografierten und bestatteten ihn« (55) –, ist der Versuch zu verdrängen. Tatsächlich fühlt er sich von den Todesvögeln, den Zopiloten, bedrängt. Wie ein Todesbote tritt ihm »Professor O.«, sein »geschätzter Lehrer an der Eidgenössischen Technischen Hochschule« (15), dreimal entgegen: einmal im Traum (15), dann in Paris (102), schließlich in Zürich (193). Unübersehbar sind die Attribute des Todes – »bleich«, »kein Gesicht mehr« (102); »ein Schädel mit Haut darüber« wie bei einem »Totenkopf« (193). Faber hat Schwierigkeiten, seinen Lehrer zu erkennen, und er denkt nicht einmal daran, eine Parallele zu ziehen, obwohl über den Professor gesagt wird, er habe »Magenkrebs« (104), und obwohl Faber die Symptome an sich erkennt, die zur gleichen Diagnose führen müssten.

Vorzeichen des Todes

Während Faber seine Rechtfertigungsversuche zusammenträgt, treten die Instanzen, die ihn verklagen und verurteilen, und auch die Anklagepunkte selbst immer deutlicher hervor. Im Museum in Rom entdeckt er für sich den »Kopf einer schlafenden Erinnye« (111), einer Rachegöttin also, die ermattet ist und deshalb augenblicklich nicht ihrer Aufgabe nachgeht.

> Die Kläger

In Athen bringt Hanna die »Erinnyen beziehungsweise Eumeniden« ins Spiel; denn das »sind Tatsachen für sie« (142). Im römischen Nationalmuseum wird die schlafende Erinnye in eine Beziehung zu einem anderen Relief, das die Geburt der Venus darstellt, gebracht: »Wenn Sabeth [...] bei der Geburt der Venus steht, gibt es Schatten, das Gesicht der schlafenden Erinnye wirkt [...] sofort viel wacher, lebendiger, geradezu wild« (111). Sabeth scheint also die Erinnyen aufzuwecken. In der Schwebe bleibt, ob auf Sabeths Geburt oder auf Sabeths Liebesbeziehung angespielt wird.

In Athen befindet sich Faber dann auf mythisch besetztem Boden. Die Akropolis, der Lykabettos und das Dionysos-Theater, jenes Theater, das für den Ursprung der griechischen Tragödie steht, bilden den Rahmen für die Frage: »Was hast du gehabt mit dem Mädchen?« (132). Immer noch glaubt er »schwören [zu] können: nichts! – ohne zu lügen« (132). Dass dies jedoch nicht der Wahrheit entspricht und dass ein solcher Schwur ein Meineid wäre, weiß der Leser längst. Er wartet auf Gericht oder Rache und würde hinnehmen, wenn Hanna Walter »rückwärts mit einer Axt [...] erschlagen« (136) würde, wie einst Klytämnestra ihren Gatten Agamemnon im Bad umbrachte, der seine Tochter Iphigenie gegen den Willen seiner Frau den Göttern opferte. Doch Hanna ist keine Rächerin; sie nimmt allerdings das Schicksal auch nicht klaglos hin; sie macht Faber gegenüber »keine Vorwürfe, keine Anklagen«; aber sie »verfluchte« (154) ihn und übergibt ihn damit anderen Instanzen.

Faber in der Rolle des Ödipus. Immer deutlicher wird, dass Walter Faber in eine Rolle gebracht wurde, die der des sagenhaften Ödipus, des unglücklichen Herrschers von Theben und der tragischen Figur des sophokleischen Dramas nachgestaltet ist. Schon die schmerzenden (134), dann »verbundenen Füße« (135) Fabers erinnern an Oidipus, den Schwellfuß. Wie dieser ist Faber sehend blind und erwägt wie dieser, sich die Augen auszustechen, als er endlich eingesehen hat, was er nicht sehen wollte, dass er nämlich schuldig geworden ist: »Zwei Gabeln nehmen, sie aufrichten in meinen Fäusten und mein Gesicht fallen lassen, um die Augen loszuwerden« (132). Wie Ödipus denkt Faber an »Selbstmord« (136) und weiß zugleich, dass damit nichts gelöst wäre. So geht ihm die Wunsch-Formel des tragisch Gescheiterten durch den Kopf, nämlich: »Nie gewesen sein« (136). Aber auch dieser Wunsch ist irreal. Es bleibt nichts als zu hoffen, »obschon ich weiß, daß ich verloren bin« (198). Ob die Handlungsträger im letzten Satz – »Sie kommen« – Pfleger und Ärzte sind, ist doch sehr zweifelhaft; erwartet werden viel eher die Erinnyen, die Rachegöttinnen.

Anklagepunkte. Der Hauptanklagepunkt des unsichtbaren Gerichts ist die Beziehung zwischen Faber und Sabeth. Während Ödipus unwissend eine Ehe mit seiner Mutter Iokaste eingeht, verliebt sich hier der Vater, vorläufig unwissend, in die eigene Tochter. In beiden Fällen liegt Inzest vor; in beiden Fällen sind die Kinder, die in dem einen Fall von den Göttern, im andern Fall vom Vater nicht gewollt waren, die eigentlichen Opfer. Der Tod Sabeths ist, anders als die Selbsttötung Iokastes, keine unmittelbare Folge des Inzests. Für den Unfall und für den Tod seiner Tochter im Krankenhaus trägt Faber keine Verantwortung. Faber rechtfertigt sich somit im verkehrten Prozess. Für die eigentliche Anklage scheint er allerdings kein Gehör oder kein Gewissen zu haben.

Während Faber »in beruflichen Dingen als äußerst gewissenhaft« (33) gilt und es sich als »Schuld« anrechnet, dass er krankheitshalber »die Montage nicht überwachen« (170) kann, wird er mit den »üblichen Gewissensbisse[n], die man sich macht, wenn man ein Mädchen [also: Hanna] nicht geheiratet hat« (134), leichter fertig. Genau hier liegt aber der Punkt, von dem alles Unglück seinen Anfang nahm. Der entscheidende Satz, der die Lebensgeschichte Fabers, Hannas und Sabeths bestimmt, war schon in Zürich gefallen, als Faber anbot: »Wenn du dein Kind haben willst, dann müssen wir natürlich heiraten« (48). Zunächst stößt sich Hanna an dem Wort »müssen«. Der Bruch erfolgt aber erst durch das falsch gesetzte Possessivpronomen. Faber hatte gesagt: »dein Kind«, statt zu sagen: »unser Kind« (48). Auch in den letzten Gesprächen zwischen Hanna und Faber geht es wieder und noch immer um diese Formulierung »dein Kind«, statt »unser Kind« (202). Hanna hat ein Leben lang nachgedacht, ob dies als Vorwurf zu deuten war oder aus Feigheit geschah. Faber gesteht: »Ich verstehe die Frage nicht« (202).

Faber ist bereit und fähig, nach Ursachen und Gründen für Ereignisse und Handlungen zu fragen; er ist nicht fähig, nach Schuld zu fragen. Für sein Handeln außerhalb der Berufssphäre fehlt es ihm an Verantwortungsbewusstsein, an jenem Bewusstsein also, dass der Mensch nicht nur milieu- und situationsbedingt handeln soll, sondern gewissenhaft. Indem Faber »dein Kind«, statt »unser Kind« sagt, lehnt er die Verantwortung für sein Kind ab, handelt er gewissenlos. Während

Verantwortung und Schuldbewusstsein

des Schachspiels mit Joachim lässt Faber sich unterrichten, dass im Falle einer Abtreibung »das Medizinische [...] kein Problem« sei; Hanna meldet er, »daß alles kein Problem« sei. Auch wenn Faber es nicht wahrhaben will – die gesamte Argumentation war »gegen [das] Kind gerichtet« (48). Schuldig wird er gegenüber seinem Kind und seiner Geliebten. Indem Faber sich der Vaterrolle entzieht, ändert sich auch die Mutterrolle Hannas: Hanna wird zur »Henne« (201, 202). Im Gegensatz zu Faber erkennt sie ihre Schuld. Auch sie hat egoistisch gehandelt und fragt, ob man »ihr verzeihen könne« (202).

Fraglich bleibt, wo die verzeihende Instanz gefunden werden könnte. Es müsste eine Instanz sein, die sich als höhere Macht ausweisen und der gegenüber sich der Mensch verantwortlich und rechenschaftsbedürftig fühlen, eine Instanz, die seinem Leben Sinn und Ziel geben könnte. Indem Faber Juana in Cuba fragt, ob sie »an eine Todsünde glaubt, beziehungsweise an Götter« (180), bringt er zwei mögliche Instanzen – die antiken Götter und den christlichen Gott – ins Gespräch, die von vielen und für lange Zeit als solche sinnstiftenden Instanzen anerkannt waren. Juana gibt die Frage, ob sie »glaubt«, zurück: »What's your opinion, Sir?« (180). Eine Antwort wird nicht gegeben; die Frage bleibt offen. Alle Bemühungen, eine Orientierung zu finden, sind vergeblich – auch die Zufalls- und Wahrscheinlichkeitstheorien Fabers. Konsequenterweise verfügt er, alle seine »Zeugnisse [...] wie Berichte, Briefe, Ringheftchen« zu vernichten; Begründung: »es stimmt nichts« (199). Als eine neue Lebensmaxime notiert er wenige Stunden vor der Operation: »Auf der Welt sein: [...] standhalten dem Licht, [...] standhalten der Zeit [...]. Ewigsein: gewesen sein« (199).

Es ist ein auf Diesseitigkeit hin angelegtes Programm, das der Autor Max Frisch als eine eigene Lebenskonzeption mehrfach wiederholt hat. Wer will, kann es mit den Aussagen existentialistisch orientierter Philosophen und Schriftsteller vergleichen.

Exposition und Sub-Text. Wenn Faber sich am 21. Juni 1957 in Caracas an die Schreibmaschine setzt, ist faktisch das, was die Haupthandlung des Romans ausmacht, abgeschlossen: Sabeth, Fabers Tochter, in die er sich verliebte, ist tot; Hanna, seine Jugendliebe und die Mutter seines Kindes, hat er wiedergetroffen; sein eigenes Leben liegt hinter ihm; bis zu seinem Tod bleiben ihm wenige Wochen. Der Bericht ist also Rückblick, Reflexion, Analyse von Vergangenem. Er ist insofern analytisch, als alles, was den Ausgang des Romans bestimmt, vor seinem Beginn geschehen ist und im Rückgriff erzählt wird. Er ist aber auch in jenem Sinn analytisch, als er einen Prozess der Selbsterkenntnis in Gang setzt: Indem Faber Klarheit über sein Handeln zu gewinnen und zu vermitteln sucht, erforscht er sich selbst. Dass er, der davon ausgeht, sich und sein Handeln ganz selbstverständlich rechtfertigen zu können, mehr und mehr merkt, der Angeklagte und schließlich der zum Tod Bestimmte zu sein, macht das Besondere der Analyse aus. Damit ist die Grundsituation vergleichbar der des König Ödipus in Sophokles' Drama; die Struktur des Romans ist zudem vergleichbar dem Bau eines analytischen Dramas; als tragische Ironie kann in beiden Fällen gedeutet werden, dass die selbstbewussten, vielleicht sogar hybriden Figuren des Anfangs, die Aufklärer, Organisatoren und Techniker am Ende vernichtet werden. Für den geübten Leser kommt dieses Ende nicht überraschend. Versteckte Hinweise signalisieren, dass der zum Teil salopp geschriebene Bericht Fabers, der durchaus Züge von Schnoddrigkeit und Zynismus aufweist, eine Tiefenschicht hat, die genau beachtet werden muss. Der Text hat einen doppelten Boden oder, anders gesagt, dem Text wird ein Sub-Text beigegeben, der den Oberflächen-Text ergänzt, manchmal sogar korrigiert. Er hilft, Hinweise und Zeichen zu verstehen, die Faber bewusst oder unbewusst übersieht.

Schon die Schilderung der Start-Situation in New York auf der ersten Seite des Textes – also Seite 7 der Suhrkamp-Ausgabe – steckt voller Anspielungen und Andeutungen, die der Leser allerdings erst im Laufe der Lektüre oder bei erneutem Lesen versteht. Dass Faber die »Maschine«, mit der er reist, kurz vorstellt, ist unauffällig und macht doch schon mit einem zentralen Sinnbezirk des Romans bekannt. Dass er gerade von einem »Air Crash« gelesen und gehört hat, macht aufmerksam. Doppeldeutig ist, dass hier und an anderen Stellen (18, 24) die Typenbezeichnung »Super-Constellation« genannt wird. Tatsächlich handelt es sich dabei um einen Flugzeugtyp der amerikanischen Firma Lockheed. Als Super-Constellation, als völlig ungewöhnliche Zuordnung, wird sich aber auch die Personen-Konstellation Herbert – Joachim – Faber – Hanna – Sabeth herausstellen.[10] Ursprünglich meint Konstellation – abgeleitet von dem lateinischen Wort *stella* ›Stern‹ – die Zuordnung der Gestirne. So ist mit dem Terminus auch schon ein Hinweis auf außerirdische Einflüsse gegeben. Nicht nur dem Mond wird im Folgenden Einfluss auf das Leben und Handeln der Menschen zugeschrieben, sondern auch Schicksalsmächten wie Erd- und Himmelsgottheiten – unter ihnen vor allem den Erinnyen oder Eumeniden.

Faber gibt zu, vor dem Abflug »nervös« zu sein. Nicht

das Unglück, über das die Zeitung berichtet, versetzt ihn eigener Einschätzung nach in den Zustand, sondern die »Vibration in der stehenden Maschine« und »der junge Deutsche« neben ihm. »Vibrationen« (58, 59) nimmt er auch später auf dem Schiff wahr, als er der Herkunft Sabeths erstmals auf die Spur kommt. Sein Nachbar im Flugzeug ist aber bereits ein Element der verhängnisvollen Personenkonstellation. Faber täuscht sich, wenn er froh ist, »allein zu sein«. Er wird schon mit alten Beziehungen konfrontiert, ohne es zu bemerken. Er »überhört« den Namen dessen, der sich vorstellt, wie er später übersieht und überhört, was er nicht wahrnehmen will. Man sieht: Er hat allen Grund, nervös zu sein.

> Leitwort
> »nervös«

»Nervös« wird ein Leitwort des Textes sein. Wie kurz vor dem Start wird er später vor der Operation untergründige Ängste wegzurationalisieren suchen und erklären: »was mich nervös macht, ist lediglich diese Warterei von Tag zu Tag« (164). Die Maschine startet in der »Nacht«; »Schnee vor den Scheinwerfern« hindert die Sicht; Dunkelheit und Kälte bestimmen die Situation. Später in der Wüste, ehe er die ersten verwandtschaftlichen Beziehungen zwischen Herbert und Joachim durchschaut, wird er »schlottern« und sich dagegen wehren, »Angst zu haben« (25). Faber »schlottert« (72) wieder, als er Sabeth zum ersten Mal beim Tischtennis genauer beobachtet. In der letzten Nacht auf dem Schiff, bevor Faber seinen Heiratsantrag macht, wird Sabeth »schlottern« (90) und noch einmal in der Nacht vor ihrem Unfall (151). Die Kälte und das Dunkel der Nacht sind nur Zeichen für ganz andere Gefahren, die schaudern machen werden.

Faber aber hat keinen Durchblick: Von den »Bodenlichtern« ist »nichts mehr zu sehen«; die Blinklichter an den Tragflächen verschwanden »im Nebel«. So kommt er sich vor »wie ein Blinder«. Was hier als illustrierender Vergleich aufgefasst werden kann, ist gleichzeitig Vordeutung auf die Vorwürfe, denen Faber ausgesetzt sein wird, er sei »blind«, sogar »stockblind« (144). Zugleich wird auf Armin, den sehend Blinden (183), angespielt, mehr noch auf den sagenhaften König Ödipus, der sehend blind war, der unschuldig schuldig in sein Verhängnis rannte und der sich selbst als die Ursache allen Unheils entdeckte, als er daran ging, das Unheil, das über die Stadt Theben gekommen war, aufzuklären.

Leitwort »blind«

Faber empfindet sich beim Start schon als »todmüde«. Er erklärt dies mit ermüdenden Gesprächen. Untergründig wird aber das Motiv des Todes und der Vergänglichkeit eingeführt. Faber ist bereits krank – was er zu verdrängen sucht; der nahe Tod kündigt sich in Symptomen und Zeichen, in gefährlichen Situationen und in konkreten Todesfällen an – was Faber nicht sieht und nicht zur Kenntnis nehmen will. »Todmüde« (40) fühlt er sich, bevor er und Herbert Hencke auf den toten Joachim stoßen; »todmüde« (49) ist er, als er Ivy verlässt und auf das Schiff geht.

Leitwort »todmüde«

Die »Stewardeß«, die im Flugzeug Zeitungen mit der Nachricht von einem Flugzeugunglück verteilt, wird Faber später veranlassen, nach der Zwischenlandung in Houston weiterzufliegen, obwohl er eine innere Hemmung spürt und sich krank fühlt. Sie, die, wie Faber meint, »meine Tochter hätte sein können« (18), beteuert noch kurz vor der Notlandung: »There is no danger« (19), obwohl sie es besser wissen müsste. Tatsächlich ist Faber in höchster Gefahr. Die Notlandung in der Wüste ist nur eine Zwischenstation auf dem

Weg in die Katastrophe, in die Faber hineingetrieben wird und in die er Sabeth und vielleicht auch Hanna mitreißt. »Endlich ging's los –,« erinnert sich Faber. Er ahnt nicht, was hinter dem mit »'s« abgekürzten Pronomen steht. Es ist nicht nur eine turbulente Reise, sondern ein Schicksalsweg, eine Fahrt, von Todesboten begleitet, von Rachegeistern angetrieben. Was hier losgeht, endet erst, als »sie kommen«, also im letzten Satz auf der letzten Seite.

7. Autor und Zeit

Max Frisch wurde am 15. Mai 1911 in Zürich geboren. Sein Vater, Bruno Franz Frisch (1871–1932), zu dem er ein distanziertes Verhältnis entwickelte, war Architekt und Grundstücksmakler und hatte in zweiter Ehe Karolina Betty Wildermuth (1875–1966), die spätere, von Frisch geliebte und geschätzte Mutter geheiratet. Max Frisch war das jüngste Kind dieser Eheleute; er hatte einen älteren Bruder Franz Bruno (geb. 1903) und eine ältere Halbschwester Emma Elisabeth (geb. 1899).

Die Herkunft

Noch während der Schulzeit im kantonalen Realgymnasium beginnt er zu schreiben und schickt ein Drama mit dem Titel *Stahl* an den bedeutenden Theaterintendanten Max Reinhardt, der es zwar nicht aufführt, aber doch eines ausführlichen Kommentars würdigt. Nach der »Matura«, gleichbedeutend mit dem »Abitur«, studiert er ab 1930 an der Eidgenössischen Technischen Hochschule Zürich Germanistik, hört aber auch Vorlesungen in Kunstgeschichte bei Professor Heiner Wölfflin, in Psychologie bei dem bekannten Schweizer Psychologen und Psychiater Professor Carl Gustav Jung und in Rechtswissenschaften.

Erste Schreibversuche

Gleichzeitig mit dem Studium absolviert er seinen Militärdienst und schreibt Artikel für die bürgerlich-konservative *Neue Zürcher Zeitung*. Nach dem Tod des Vaters (1932) gibt er das Studium auf, wird freier Mitarbeiter bei der *Neuen Zürcher Zeitung* und macht eine ausgedehnte Reise, die ihn zuerst zur Eishockey-Weltmeisterschaft nach Prag, von da aus

Reisen

Max Frisch
Foto: Andrej Reiser

nach Jugoslawien, Istanbul, Griechenland, Bari und Rom führt. Mit Käte Rubensohn, einer aus Berlin stammenden deutsch-jüdischen Studentin, reist er 1935 nach und durch Deutschland, das bereits von den Nationalsozialisten regiert wird. Aus großem Abstand sagt er 1978: »Falling in love with a Jewish girl in Berlin before the war saved me, or made it impossible for me, to embrace Hitler or any form of fascism.«[11] Doch ist zu sagen, dass auch er die Gefahr des Nationalsozialismus und des Faschismus bei weitem unterschätzte. Die journalistischen Arbeiten Frischs aus dieser Zeit ergeben zusammengefasst »das Bild vom unpolitischen, bürgerlichen Schriftsteller Max Frisch, der mehr oder weniger widerstandslos in der Strömung seiner Zeit mitschwimmt«[12], der die konservative deutschsprachige Dichtung schätzt und wenig Sinn für die deutsche Exilliteratur hat.

Als Käte Rubensohn 1936 einen Heiratsantrag Frischs ablehnt, bringt das Frisch dazu, sich auch beruflich neu zu orientieren. Er beginnt ein Architektur-Studium an der ETH Zürich, das von einem Freund finanziert wird, erhält 1941 eine Anstellung in einem Architekturbüro, gewinnt 1942 einen Wettbewerb zum Bau eines Schwimmbads in Zürich und macht sich im Jahr darauf selbstständig. Er heiratet 1942 seine Kollegin Anna Constance von Meyenburg, wird Vater einer Tochter Ursula (1943) und eines Sohnes Hans Peter (1944), scheint völlig ins bürgerliche Lager übergeschwenkt zu sein und den Schwur zu halten, den er 1937 nach Vernichtung aller Entwürfe getan hatte, nämlich: nie wieder zu schreiben.

Architekturstudium, Heirat

Er war jedoch sich selbst gegenüber schon wortbrüchig geworden, als er 1939 seine Erlebnisse und Erfahrungen als

Kanonier unter dem Titel *Aus dem Tagebuch eines Soldaten* in der Zeitschrift *Atlantis* veröffentlichte. Von nun an gewinnt das Tagebuch als halbliterarische Textsorte für Frisch zunehmend an Bedeutung. Vom Dramaturgen des Zürcher Schauspielhauses ermuntert, beginnt Frisch auch wieder Theaterstücke zu schreiben.

> Weitere Schreibversuche

Reisen nach Prag und Deutschland im Jahr 1947, also in der unmittelbaren Nachkriegszeit, die Begegnung mit dem Verleger Peter Suhrkamp im November 1947 und die Bekanntschaft mit Bertolt Brecht bedeuten dann einen epochalen Einschnitt. Die Doppelexistenz als Architekt und Literat lässt vorläufig rein zeitlich nur die Äußerung im Tagebuch zu. Als dann 1950 das *Tagebuch 1946–1949* im Suhrkamp Verlag erscheint, ist damit das Fundament für ein ganzes Schriftstellerleben und der Grundstein für Frischs Welterfolg gelegt. Dieses Tagebuch enthält nicht nur den das weitere Werk bestimmenden Imperativ »Du sollst dir kein Bild machen«, sondern auch Skizzen von Stoffen, die später zu so erfolgreichen Theaterstücken wie *Andorra* und *Herr Biedermann und die Brandstifter* entwickelt werden, außerdem Stellungnahmen zu politischen Ereignissen, Autobiografisches, Überlegungen zur Theaterpraxis und zum Beruf des Architekten. Es erweist sich, dass die Tagebuchform nicht nur das geeignete Mittel ist, zu sich selbst zu kommen, sondern dass sie geradezu prädestiniert ist, in Krisen- und Übergangszeiten Komplexes angemessen auszudrücken. Die Verwendung tagebuchähnlicher Aufzeichnungen ist deshalb auch charakteristisch für die Hauptfiguren der wichtigsten

> Weitere Reisen

> Der schriftstellerische Durchbruch: das Tagebuch

> Romane

Romane Frischs: *Stiller* (1954), *Homo faber* (1957) und *Mein Name sei Gantenbein* (1964). Auf dem Weg der Selbstreflexion, der Selbstrechtfertigung und des Gedankenexperiments suchen sie – letztlich erfolglos – ihre Identität.

Als Frisch diese Werke im Suhrkamp Verlag veröffentlicht, ist er längst zum Weltbürger geworden. Nach Reisen im Jahr 1948, die ihn nach Deutschland, Österreich und Frankreich, nach Prag und Breslau bringen, erhält er 1951 ein Stipendium für einen längeren USA-Aufenthalt. Er lernt New York, Chicago, Los Angeles, später auch Mexiko kennen. Weitere USA-Besuche werden folgen.

> Reisen

Im Jahr 1954 verkauft er sein Architekturbüro und darf sich als freier Schriftsteller fühlen. In den folgenden Jahren wechselt er den Wohnsitz häufig, lebt zwischen 1960 und 1965 hauptsächlich in Rom, zwischen 1972 und 1979 in Berlin, von 1980 bis 1984 abwechselnd in der Schweiz, in Berzona, und in New York. Zwischenzeitlich bereist er Griechenland, die Sowjetunion, Japan und China.

> Freier Schriftsteller

Bereits in zwei Veröffentlichungen aus dem Jahr 1932 formuliert er die Leitfrage seines Lebens: »Was bin ich?«[13] Die Grundsituation bleibt: »Ich stehe. Und im Glas steht mein Spiegelbild.«[14] Auf der Suche nach dem Ich trennt er sich 1954 von der Familie, lässt sich später scheiden, geht eine Beziehung mit der Schriftstellerin Ingeborg Bachmann ein, heiratet 1968 Marianne Oellers, lässt sich 1979 wieder scheiden, lebt später mit Alice Locke-Carey, am Ende seines Lebens mit Karin Pilliod-Hatzky zusammen. Erkennbar: Die Angst vor der Vereinnahmung in einer Rolle und die

> Trennungen und Beziehungen

Schwierigkeit, Beziehungen einzugehen, auszugestalten und tragfähig zu halten.

Max Frisch starb am 4. April 1991 in seiner Zürcher Wohnung. Er gilt als einer der »Klassiker der Moderne«[15]. Zusammen mit Friedrich Dürrenmatt hat er zu seiner Zeit der deutschsprachigen Literatur eine ähnliche Geltung verschafft wie einst Gottfried Keller und C. F. Meyer in ihrer Zeit. Die Romane Max Frischs werden als epochemachend für die Geschichte dieser literarischen Gattung angesehen.

Der Tod

Hauptwerke

1934 *Jürg Reinhart. Eine sommerliche Schicksalsfahrt. Roman.* Ein 21-jähriger Journalist reist einen Sommer lang durch den Balkan und berichtet von seinen Erlebnissen und Gedanken.

1945 *Nun singen sie wieder. Versuch eines Requiems in 2 Teilen und 7 Bildern. Drama.* In einem fiktiven Jenseits sind die toten Feinde der gegnerischen Seiten des Zweiten Weltkriegs zusammen und denken über das verlorene Leben nach, während die Überlebenden auf der Erde versuchen, den alten Zustand wieder herzustellen.

1946 *Die chinesische Mauer. Eine Farce in einem Vorspiel und 24 Szenen.* Parabolisch wird angedeutet, dass die Mauer, die einst in China gebaut wurde und die jetzt in Europa errichtet wird, die Tyrannei befestigt und Fortschritte verhindert.

1950 *Tagebuch 1946–1949.* Gesammelte Eindrücke, knappe Skizzen, Alltagsbeobachtungen, Reiseberichte und

Reflexionen bilden ein literarisches Kaleidoskop und sind gleichzeitig Vorentwürfe für spätere Werke.

1951 *Graf Öderland. Eine Moritat in zwölf Bildern.* Ein Staatsanwalt beschließt am Vorabend eines Mordprozesses aus dem gewohnten Leben auszubrechen. Unter dem Namen Graf Öderland zieht er als Revolutionär durchs Land, verstößt selbst gegen Gesetze und führt berechtigte Anklage gegen sie, die er schließlich wieder einführen muss.

1952 *Herr Biedermann und die Brandstifter. Hörspiel:* Bayerischer Rundfunk 26.3.1953; Ein Lehrstück ohne Lehre. Der verängstigte Bürger Biedermann lädt selbst die Brandstifter in sein Haus ein.

1953 *Don Juan oder die Liebe zur Geometrie. Komödie in 5 Akten.* Don Juan wird nicht als Frauenheld, sondern als Liebhaber der »männlichen Geometrie« vorgestellt. Von sich selbst sagt er: »Ich weiß nicht, wen ich liebe.« Er erleidet Männlichkeit als Schicksal.

1954 *Stiller. Roman.* Ein unter dem Namen White in die Schweiz eingereister Mann versucht in sieben Heften »Aufzeichnungen aus dem Gefängnis« nachzuweisen, dass er nicht der gesuchte und verschollene Bildhauer Anatol Ludwig Stiller ist. Die Versuche, sich der eigenen Identität zu vergewissern, scheitern.

1957 *Homo faber. Ein Bericht.*

1961 *Andorra.* Das *Parabelstück* gestaltet eine Skizze aus, die schon in den Tagebüchern 1946–1949 zu lesen war: Die Andorraner halten – fälschlicherweise – Andri für einen Juden und zwingen ihm so eine Rolle auf, die in den Tod führt.

1964 *Mein Name sei Gantenbein. Roman.* Thema ist wiederum die Frage nach der Identität. Ein Ich-Erzähler probiert sich die Geschichten verschiedener Personen – Gantenbein, Enderlin und Svoboda – an und legt den Schluss nahe: »Jeder Mensch erfindet seine Geschichten – [...] anders bekommen wir unsere Erlebnismuster, unsere Ich-Erfahrung, nicht zu Gesicht.«[16]

1967 *Biografie: Ein Spiel.* Kürmann, der in sieben Jahren an Krebs sterben wird, erhält die Möglichkeit, die wichtigsten Entscheidungen seines Lebens noch einmal zu treffen, weiß aber wenig damit anzufangen.

1970 *Wilhelm Tell für die Schule.*

1972 *Tagebuch 1966–1971.*

1975 *Montauk. Eine Erzählung.* Der 64-jährige Autor Max Frisch erzählt von einem scheinbar glücklichen Wochenende am Strand von Montauk in Long Island. Aufkommende Erinnerungen an die Vergangenheit werden weitergeführt zu einer kritischen autobiographischen Bilanz des Lebens und Schaffens.

1978 *Triptychon. Drei szenische Bilder.*

1979 *Der Mensch erscheint im Holozän.*

1982 *Blaubart.* Eine Kriminalerzählung, in der es nicht um die Aufdeckung des Verbrechens, sondern um die Selbstfindung des Täters geht.

1990 *Schweiz als Heimat? Versuche über 50 Jahre.*

Bedeutende Ehrungen

Aufmunterungspreis der Stadt Zürich (1936).
Conrad-Ferdinand-Meyer-Preis der Stadt Zürich (1939).
Ehrengabe der Stadt Zürich (1940).
Ehrengabe des Regierungsrates des Kantons Zürich (1950).
Rockefeller Grant for Drama (1951).

Wilhelm-Raabe-Preis der Stadt Braunschweig (1954).
Georg-Büchner-Preis (1958).
Großer Kunstpreis der Stadt Düsseldorf (1962).
Stipendium der Ford-Foundation (1964).
Schiller-Gedächtnispreis des Landes Baden-Württemberg (1965).
Literaturpreis der Stadt Jerusalem (1965).
Friedenspreis des Deutschen Buchhandels (1976).
Commonwealth Award for Distinguished Service in Literature, Modern Language Association (1985).
Commandeur dans l'ordre des arts et des lettres (1985).
Heinrich-Heine-Preis der Stadt Düsseldorf (1989).

8. Rezeption

Wer Walter Faber als einen anderen, modernen Ödipus versteht, wer sein Lebensende als tragisch deutet und wer die zahlreichen mythologischen Anspielungen zu Ende denkt, verknüpft den Roman, der im Jahr 1957 spielt, mit Mythen und Texten, die in der europäischen Antike entstanden und über die Jahrhunderte hinweg in immer neuen Epochen ihre Aktualität bewiesen haben. Der Roman *Homo faber* ist insofern ein Beleg dafür, dass die Deutungsmuster vergangener Kulturen die Diskussion von Problemen, die sich den Menschen in der Gegenwart stellen, weiterhin beleben kann.

Die Anknüpfung an Traditionen

Die Modernität

Trotzdem ist *Homo faber* ein moderner Roman. Die Krisen zu Beginn des 20. Jahrhunderts und die Erschütterungen der Weltkriege hatten längst bewusst gemacht, »daß die Wirklichkeit sich erzählend nicht mehr vermitteln läßt«[16]. Dennoch überwogen »im deutschen Nachkriegsroman [...] die konventionellen Erzählmittel«[17]. Die Romane Max Frischs treffen somit »auf eine Rezeptionslage ganz besonderer Art sowohl in der Schweiz als auch in der Bundesrepublik«[18].

Mit den drei Romanen – *Stiller* (1954), *Homo faber* (1957) und *Mein Name sei Gantenbein* (1964) – errang der Schweizer Autor einen beträchtlichen Publikumserfolg – in der Schweiz, mehr noch in der Bundesrepublik, schließlich in der weltliterarischen Szene. Zusammen mit Friedrich Dürrenmatt wurde er als Repräsentant der deutschsprachigen Literatur angese-

Max Frisch als Repräsentant der deutschsprachigen Literatur

hen, der – auch im Weltmaßstab – höchsten Anerkennungen und Auszeichnungen entgegensehen durfte.

Als ungewöhnlich, neuartig, aber durchaus angemessen wurde die Haltung der fiktiven Ich-Erzähler beurteilt. Die Auflösung der Zeitkontinuität verwirrte, reizte aber zur Auseinandersetzung. Vor allem jedoch lockten der Inhalt und die Problematik der Romane an: Nach den politischen Katastrophen und inmitten der ideologischen Auseinandersetzungen war die Frage nach der eigenen Identität brennend. Die Maxime Max Frischs »Du sollst dir kein Bildnis machen« wurde zum geflügelten Wort und zur zeitüberdauernden Warnung vor Vor-Urteilen, vor eiligen Klassifizierungen, vor vorschnellen Typisierungen, vor Stereotypisierungen überhaupt. Dieses Thema und die Art seiner Behandlung ist so sehr auf den Autor Max Frisch bezogen, dass die Romantrilogie »in ihrem weitgehenden Verzicht auf einen tagespolitischen Bezugsort und in dem Anschluß an eine frühere Tradition des Bildungsromans eine Sonderstellung im literarischen Leben der Epoche«[19] einzunehmen scheint.

Nicht in der literarischen Tradition, sondern in der individuellen Lebensgeschichte wird fündig werden, wer nach Vorlagen und Vorstufen der Romanhandlungen sucht. Die publizierten Tagebücher geben nicht nur Hinweise zu Frischs Leitthemen, sondern auch zu Personen, die in literarischer Verarbeitung im Werk auftauchen.[20] Das gilt vor allem für die Hanna-Geschichte, über deren Bezug zur Lebenswirklichkeit Max Frisch nicht nur in den Tagebüchern, sondern auch in seinem späten autobiographischen Roman *Montauk* berichtet.

Homo faber, der zweite Roman der Dreier-Folge, wurde von der Kritik an dem vorangegangenen, hoch gelobten und äußerst erfolgreichen *Stiller* gemessen. Zwischen dem ersten und dem zweiten Roman bestehe eine Relation wie »zwischen dem Hauptwerk und einem Parergon«[21], urteilte ein Rezensent. Trotzdem erreichte *Homo faber* bald den Rang einer bis heute unbestrittenen, klassischen Schullektüre.

| Urteile der Kritiker |

Für zusätzliche Aufmerksamkeit sorgte die Tatsache, dass sich 34 Jahre nach der Erstveröffentlichung des Romans Volker Schlöndorff, der bereits einige bedeutende Literaturverfilmungen herausgebracht hatte, des Romans annahm. Max Frisch fand anerkennende Worte für die Verfilmung und erlebte noch, dass sie zum Kinoerfolg wurde. Dies bewahrte den Film jedoch nicht vor harter Kritik: »Schlöndorff hat aus Frischs bitterer Technikertragödie ein sentimentales Inzestdrama gemacht […]. Eine gleichrangige filmische Adaption des Romans steht insofern noch aus.«[22]

| Verfilmung |

9. Checkliste

1. Erläutern Sie die Doppeldeutigkeit des Roman-Titels.
   Erklären Sie die Lautfolge »faber« einmal als Substantiv und einmal als Name (vgl. S. 6 und 16).
   Grenzen Sie das Bestimmungswort »faber«, das dem Grundwort »homo« beigegeben ist, von anderen Bestimmungswörtern wie »ludens«, »religiosus«, »politicus« und »oeconomicus« ab (vgl. S. 16 und 45).
   Inwiefern liegen hier Klassifikationen und Typisierungen vor? Was ist ein Typ? Was verstehen Sie unter »Typisierung«?
   Was ist eine Klassifikation? Erklären Sie anhand von Beispielen aus der Biologie und der Zoologie, wie man beim Klassifizieren vorgeht.
   Erkundigen Sie sich anhand von Sachwörterbüchern der Soziologie und der Psychologie, was man unter einem Autostereotyp und einem Heterostereotyp versteht.

2. Als Hinweis auf die Textsorte gibt der Autor seinem Werk den Untertitel »Ein Bericht«. Die Interpreten ordnen *Homo faber* den Romanen zu. Erklären Sie die beiden Leitbegriffe und lösen Sie den scheinbaren Widerspruch auf (vgl. S. 6, 13 und 29).

3. Gestalten Sie auf der Grundlage der knappen Hinweise im Text (Text S. 160 und 161) die Schreibsituationen des Berichtenden aus.
   Caracas: Ort, Zeit, Lebenssituation.
   Athen: Ort und Räumlichkeit; Zeit und Zeitdauer; Lebenssituation.
   Welche Ereignisse sind unmittelbar vorausgegangen?

9. CHECKLISTE 77

Welche früheren Ereignisse werden aufgearbeitet?
Wie ist die Stimmungslage des Autors, wer ist der Adressat? Welches Schreibgerät wird benutzt?

4. In welcher Weise sind die beiden Hauptpersonen Hanna und Walter einander zugeordnet? (vgl. S. 13–19).
Skizzieren Sie die Lebenswege.
Vergleichen Sie die Lebenskonzeptionen, die sie während der Studienzeit in Zürich vertreten.
Vergleichen Sie die Haltungen, die sie nach Sabeths Tod in Athen einnehmen. Stellen Sie eine Änderung, vielleicht eine Entwicklung fest?
Vergleichen Sie mit Hannas Lebensauffassung die Konzeptionen, die andere weibliche Personen wie Ivy und Juana von ihrem Leben zu haben scheinen (vgl. S. 21 ff.).
Vergleichen Sie mit Walters Position die Einstellung der übrigen männlichen Personen (vgl. S. 24 ff.).
Nehmen Sie Stellung und setzen Sie sich mit Ihrem Urteil aufs Spiel:
»Mir gefällt an Hanna, dass sie ...«
»Mir gefällt an Faber, dass er ...«
»Mir missfällt an Hanna, dass sie ...«
»Mir missfällt an Faber, dass er ...«
Begründen Sie Ihre Meinungen.

5. Charakterisieren Sie Elisabeth Piper (vgl. S. 19). Welche Vorstellung haben Sie von der Beziehung zwischen Elisabeth Piper und ihrer Mutter Hanna?
Entwerfen Sie einen Brief, den Elisabeth vom College in Amerika aus an ihre Mutter geschrieben haben könnte.
Entwerfen Sie den Antwortbrief der Mutter.
Schreiben Sie einen Brief, den Sabeth von Paris aus an ihre Mutter schreibt.

Lassen Sie Hanna nach Rom – »postlagernd« – antworten.
Wie entwickelt sich die Beziehung zwischen Elisabeth und Walter Faber?
Halten Sie es für angemessen, wenn gesagt wird, dass Sabeth durch den Unfalltod vor einer anderen, ähnlich schlimmen Katastrophe bewahrt wird?

6. Das Thema »Mensch und Maschine« wird mindestens seit Beginn des industriellen Zeitalters diskutiert.
Stellen Sie Fabers Thesen zu diesem Thema zusammen und nehmen Sie Stellung dazu (vgl. S. 48).
Welche Thesen würde ein Biologe, ein Mediziner, ein Soziologe entgegensetzen?
Inwiefern sind von den unterschiedlichen Standpunkten aus unterschiedliche Einstellungen zu Geburt, Leben, Krankheit und Tod abzuleiten?
Was erwartet Faber von einer »Operation«? (Text S. 192). – Erklären Sie Herkunft, Inhalt und Anwendungsbereich des Wortes.
Inwiefern kann sich Walter Faber als versierter Techniker ausweisen?
Nennen Sie die »Maschinen«, von denen er ein genaueres Verständnis hat.
Zählen Sie die »Maschinen« auf, die er dauernd mit sich zu führen scheint.
Wie erklären Sie sich, dass für Walter Faber die Vorstellungen von Technik und von Zivilisation eng zusammenzugehören scheinen?
Diskutieren Sie, in welcher gedanklichen Beziehung für Sie die Begriffe »Kultur«, »Technik« und »Zivilisation« stehen.

7. Erklären Sie den Inhalt der folgenden Leitwörter. Stellen Sie eine Beziehung zwischen den einzelnen Wortketten her. (Erkundigen Sie sich gegebenenfalls in einem philosophischen Wörterbuch nach den Begriffsinhalten.):
   Zufall – Schicksal – Fügung
   Ursache – Wirkung
   Grund – Folge
   Mittel – Zweck
   Gebot – Verbot – Schuld – Strafe
   Meinen – Wissen – Glauben
   Wahrscheinlichkeit – Gewissheit
   Ersetzen Sie und diskutieren Sie:
   »die Notlandung in Tamaulipas« (Text S. 22): war Zufall, Schicksal, Fügung?
   »ein Nylon-Faden in dem kleinen Apparat« (Text S. 63) war Zufall, Schicksal oder Fügung?

8. In dem Roman wird direkt und indirekt auf einige antike Mythen angespielt. Tragen Sie Ihr Wissen über diese Mythen zusammen, vervollständigen Sie – falls notwendig – Ihre Kenntnisse und überlegen Sie, inwiefern hier eine indirekte Deutung der Handlung und der handelnden Personen angeboten wird:
   Die Geburt der Venus
   Die Funktion der Erinnyen
   Agamemnon und Klytämnestra
   Die Geschichte des Ödipus
       Ödipus und die Sphinx
       Ödipus und Iokaste
       Das Schicksal des Ödipus
   Athen – der Ursprung der griechischen Tragödie
   Erkundigen Sie sich nach den Mythen, die mit den er-

80 9. CHECKLISTE

wähnten Orten Korinth, Megara, Eleusis und Daphni verbunden sind.

9. Was assoziieren Sie mit den Haupthandlungsorten des Romans? (Sicherlich besitzen Sie bestimmte emotionale Vorstellungen, auch wenn Sie die Orte persönlich nicht kennen gelernt haben.)
New York, Houston
Campeche, Palenque
Paris, Avignon
Rom
Korinth, Megara, Athen

10. Natürlich verarbeitet ein Autor in seinem Werk auch eigene Erfahrungen. Ermitteln Sie aus Frischs Biographie (vgl. S. 64f.) Ereignisse, die als stofflicher Untergrund für seinen Roman in Frage kommen.
Berufsausbildung
Reisen
Beziehungen

11. Auch Zeitereignisse (vgl. S. 39) könnten für das Thema und die Ausgestaltung im Roman eine Rolle gespielt haben. Sammeln Sie Informationen zu folgenden Komplexen und prüfen Sie, inwiefern sie für das Verständnis des Romans relevant sind:
Die Situation Europas in der Nachkriegszeit
Die Rolle Amerikas in der Weltpolitik
Die Vereinten Nationen und die Entwicklungsländer
Der Juni-Aufstand 1953
Der Protest der Göttinger Sieben (Text S. 166)

10. Lektüretipps/Filmempfehlungen

Textausgaben

Die Erstausgabe des Romans *Homo faber* erschien 1957:

Max Frisch: Homo faber. Ein Bericht. 288 S. Frankfurt a. M.: Suhrkamp, 1957.

Der Roman erfuhr mehrere Auflagen, und er erschien in mehreren Taschenbuch-Ausgaben:

Max Frisch: Homo faber. Ein Bericht. Frankfurt a. M.: Suhrkamp, 1957.
Max Frisch: Homo faber. Ein Bericht. Reinbek bei Hamburg: Rowohlt Taschenbuch Verlag, 1969. (rororo. 1197.)
Max Frisch: Homo faber. Ein Bericht. Frankfurt a. M.: Suhrkamp Taschenbuch Verlag, 1977. (st. 354.)

Im vorliegenden Band wird nach der Suhrkamp-Taschenbuchausgabe aus dem Jahr 1977 zitiert.

Über Unterschiede der Datierung in den verschiedenen Ausgaben informiert Klaus Müller-Salget in den Erläuterungen zu Max Frischs *Homo faber* (s. S. 83).

Als Taschenbuch-Ausgabe liegt auch eine Gesamtausgabe der Werke von Max Frisch vor:

Max Frisch: Gesammelte Werke in zeitlicher Folge. 7 Bde. Hrsg. von Hans Mayer unter Mitw. von Walter Schmitz. Jubiläumsausgabe. Frankfurt a. M.: Suhrkamp, 1986.

Von allen wichtigen Werken des Autors gibt es außerdem Einzelausgaben als Taschenbücher.

Sekundärliteratur

Um ein Werk genauer zu verstehen, empfiehlt es sich nach den Entstehungsbedingungen zu fragen. Manches wird klarer, wenn man die Lebensgeschichte und die Lebensumstände des Autors kennt. Anschaulich und gut lesbar sind die folgenden Einführungen:

Hage, Volker: Max Frisch. Mit Selbstzeugnissen und Bilddokumenten. Reinbek bei Hamburg. Überarb. Neuausg. 1997.
Müller-Salget, Klaus: Max Frisch. Literaturwissen für Schule und Studium. Stuttgart 1996. (Reclams Universal-Bibliothek. 15210.)

Die folgenden Einführungen können das Gesamtbild ergänzen. Es handelt sich zum Teil um Aufsatzsammlungen, zum Teil um Interpretationen zu einzelnen Werken:

Arnold, Heinz Ludwig: Max Frisch. In Text + Kritik. Heft 47/48 (1975).
Beckermann, Thomas (Hrsg.): Über Max Frisch. Frankfurt a. M. 1971. (es. 404.)
Begegnungen. Eine Festschrift für Max Frisch zum siebzigsten Geburtstag. Frankfurt a. M. 1981.
Hanhart, Tildy: Max Frisch: Zufall, Rolle und literarische Form. Interpretationen zu seinem neueren Werk. Kronberg i. Taunus 1976.
Knapp, Gerhard P. (Hrsg.): Max Frisch. Aspekte des Prosawerks. Bern 1978.

Petersen, Jürgen H.: Max Frisch. Stuttgart 1978. (Sammlung Metzler. 173.)
Reich-Ranicki, Marcel: Max Frisch. Zürich 1991.

Materialien und Erläuterungen zu *Homo faber*

Da der Roman seit vielen Jahren einen festen Platz im Repertoire der Schullektüren hat, wurden viele Handreichungen für Schüler erarbeitet. Sie enthalten zum Teil Sacherklärungen, Personencharakterisierungen und Interpretationshinweise.
Für ein gründliches Textverständnis scheint der Reclam-Band *Erläuterungen und Dokumente* insofern besonders geeignet, als er auch Texte zur Produktions- und Rezeptionsgeschichte des Werks enthält:

Müller-Salget, Klaus (Hrsg.): Max Frisch: *Homo faber*. Erläuterungen und Dokumente. Stuttgart 1987. (Reclams Universal-Bibliothek. 8179.)

Weitere Hilfen bieten:

Eisenbeis, Manfred: Max Frisch: *Homo faber*. Stuttgart/Düsseldorf/Leipzig [12]2000.
Heidenreich, Sybille: Max Frisch: *Homo faber*. Untersuchungen zum Roman. Hollfeld. 10., verb. Aufl. 1998.
Kästler, Reinhard: Erläuterungen zu Max Frisch: *Homo faber*. Hollfeld [3]1996.
Knapp, Gerhard P. / Mona Knapp: Max Frisch: *Homo faber*. Grundlagen und Gedanken zum Verständnis erzählender Literatur. Frankfurt a. M. [5]1995.

Lubich, Frederick A.: Max Frisch: *Stiller, Homo Faber* und *Mein Name sei Gantenbein*. München 1990.

Meurer, Reinhard: Max Frisch: *Homo faber*. München. 3. und korr. Aufl. 1997. (Oldenbourg Interpretationen. 13.)

Müller-Salget, Klaus: Max Frisch: *Homo faber*. Ein Bericht. In: Interpretationen: Romane des 20. Jahrhunderts. Bd. 2. Stuttgart 1993. (Reclams Universal-Bibliothek. 8809.) S. 95–119.

Schmitz, Walter: Max Frisch: *Homo faber*. Materialien, Kommentar. (Hanser Literatur Kommentare. 5.) München/Wien 1977.

Bibliographien

Wer weitere Sekundärliteratur zum Autor, zum Roman *Homo faber*, zum Gesamtwerk von Max Frisch und zu einzelnen Problemstellungen sucht, wird Hinweise in einer der folgenden Bibliographien finden:

Beckermann, Thomas: Bibliographie zu Max Frisch. In: Text + Kritik. Heft 47/48 (1975) S. 88–98.

Schmitz, Walter: Bibliographie. In: Walter Schmitz (Hrsg.): Über Max Frisch II. Frankfurt a. M. ³1981. S. 453–534.

Stephan, Alexander: Max Frisch. In: Heinz Ludwig Arnold (Hrsg.): Kritisches Lexikon der deutschsprachigen Gegenwartsliteratur. München 1978. (30. Nachlfg. 1988.)

Filmempfehlung

Schlöndorff, Volker: *Homo faber*. Nach dem gleichnamigen Roman von Max Frisch. 1991.

Anmerkungen

1 Büchmann, *Geflügelte Worte*. Sonderausg. der neubearb. 32. Aufl., Berlin 1972, S. 488.
2 Immanuel Kant, *Beantwortung der Frage: Was ist Aufklärung?*, in: *Was ist Aufklärung. Beiträge aus der Berlinischen Monatsschrift*, Darmstadt 1973, S. 452.
3 Max Frisch, *Stiller*, zitiert nach: Volker Hage, *Max Frisch*, Reinbek bei Hamburg 1983, S. 66.
4 Ebenda, S. 74.
5 Die Sloterdijk-Debatte, in: *Frankfurter Allgemeine Zeitung*, 30.9.1999, S. 49.
6 Emil Dovifat, *Zeitungslehre I*, Berlin 1967 (Sammlung Göschen), S. 138.
7 Ebenda, S. 138.
8 Nach: Walter Schmitz, *Max Frisch*, »*Homo faber*«, *Materialien, Kommentar*, München/Wien 1977, S. 20.
9 Gero von Wilpert, *Sachwörterbuch der Literatur*, Stuttgart, 7., verb. und erw. Aufl. 1989, S. 948.
10 Klaus Müller-Salget, *Erläuterungen und Dokumente, Max Frisch, »Homo faber«*, Stuttgart 1987, S. 68.
11 Alexander Stephan, *Max Frisch*, München 1983 (Autorenbücher, 37), S. 23.
12 Ebenda, S. 18.
13 Max Frisch, *Gesammelte Werke in zeitlicher Folge. 1931–1944*, Frankfurt a. M. 1976, Bd 1,1, S. 10 und 16.
14 Ebenda, S. 15.
15 Heinz Ludwig Arnold (Hrsg.), *Kritisches Lexikon zur deutschsprachigen Gegenwartsliteratur*, München 1978.
16 Thomas Neuhauser, »Der Roman«, in: Otto Knörrich, *Formen der Literatur in Einzeldarstellungen*, Stuttgart 1981 (Kröners Taschenausgabe, 478), S. 310.
17 Ebenda, S. 310.
18 Gerhard P. Knapp / Mona Knapp, *Max Frisch, »Homo faber«. Grundlagen und Gedanken zum Verständnis erzählender Literatur*, Frankfurt a. M. 1987, S. 9.
19 Ebenda, S. 16.
20 Ebenda, S. 26.

21 Walter Jens, *Max Frisch und der homo faber*, zitiert nach: Müller-Salget (Anm. 10), S. 133.
22 Reinhard Kleber, »Frischs und Schlöndorffs *Homo faber*«, in: Hans G. Rötzer / Wolfgang Gast, *Literaturverfilmung*, Bamberg 1993, S. 210.

Raum für Notizen